As Provações de um Guerreiro

Rebecca Brown &
Daniel Yoder

Brown, Rebecca; Yoder, Daniel
    As Provações de um Guerreiro / Rebecca Brown & Daniel Yoder: Rio de Janeiro:Editora Valente / Propósito Eterno, 2011.

ISBN: 85-99664-12-2

1. Batalha Espiritual 2. Provações 3. Escatologia 4. Natureza Pecaminosa 5. Velho Homem - I. Título

CDD

ISBN: 85-99664-12-2
Todos os direitos reservados © a Editora Propósito Eterno

Categoria: Batalha Espiritual - Vida Cristã

Diagramação e editoração: Editora Valente / Propósito Eterno

Tradução: Daniela Sá

Revisão de Texto: Editora Valente / Propósito Eterno

Capa: Editora Valente / Propósito Eterno

Todos os direitos são reservados. Deverá ser pedida a permissão por escrito a Editora Valente / Propósito Eterno para usar ou reproduzir qualquer parte deste livro, exceto por breves citações, críticas, revistas ou artigos.

Valente é um selo da Editora Propósito Eterno
www.editoravalente.com.br
www.propositoeterno.com.br
contato@propositoeterno.com.br
(21) 2255-2216

As Provações de um Guerreiro

Rebecca Brown &
Daniel Yoder

Sumário

1. Agentes de Satanás 7

2. Trevas Sobre a Terra 17

3. Tempo de Guerra 29

4. As Provações de um Guerreiro 45

5. Orações Obstruídas 61

6. Matando o Velho Homem 73

Apêndice 89

Capítulo 1

Agentes de Satanás

por Rebecca Brown

"Sabe, porém, isto: que nos últimos dias sobrevirão tempos trabalhosos. Porque haverá homens amantes de si mesmos, avarentos, presunçosos, soberbos, blasfemos, desobedientes a pais e mães, ingratos, profanos, sem afeto natural, irreconciliáveis, caluniadores, incontinentes, cruéis, sem amor para com os bons, traidores, obstinados, orgulhosos, mais amigos dos deleites do que amigos de Deus, tendo aparência de piedade, mas negando a eficácia dela. Destes afasta-te."
II Timóteo 3:1-5

Obviamente estamos vivendo em tempos perigosos! Durante esses últimos dias, os agentes de Satanás estão andando sobre a Terra em números muito maiores. O texto bíblico acima os descreve em detalhes. "Cruéis" é uma das palavras de descrição usadas.

Temos visto nos noticiários e jornais sobre uma ou mais destas pessoas andando na área de Washington D.C. Essa pessoa (ou pessoas) atirou doze vezes, matou nove pessoas e feriu três, até o momento em que estou escrevendo este artigo. Não seria este um agente de Satanás?! Acreditamos que seja (ou sejam). Os atos desse atirador tem trazido um reino de terror sobre toda a Washington D.C. Mas será que você entende que esse é um ataque do mundo espiritual sobre o mundo físico? O quê os cristãos estão fazendo quanto a isso?

As igrejas estão organizando vigílias constantes de oração até que esse assassino seja capturado? Se não, deveriam estar.

Os cristãos de toda a nação deveriam estar orando, continuamente, até que essa pessoa seja capturada. O quanto antes derrotarmos o poder espiritual que está por trás dela, mais rápido as autoridades conseguirão capturá-la. Deveríamos estar pedindo ao Senhor para amarrar os demônios que nela estão e orando para que ela cometa algum erro ou deslize a fim de permitir que a polícia a capture. Deveríamos estar orando para que o Senhor envie anjos para que sua arma não atinja os alvos corretamente e também por proteção para todos os moradores da região e, acima de tudo, levar as pessoas a pensarem e se questionarem sobre o que lhes acontecerá depois de morrerem. Os cristãos que moram em Washington D.C. deveriam estar abordando as pessoas nas ruas e confrontando-as com a seguinte pergunta: "Se você fosse uma das vítimas do atirador, para onde iria depois de morrer?" Que oportunidade de ouro para evangelismo! Será que algum servo de Deus tomará vantagem dessa situação? Isto é guerra, irmãos e irmãs. E o que você está fazendo? Está permanecendo passivo quanto ao que acontece ao seu redor? Se estiver, quanto tempo permanecerá assim até que essa onda de terror chegue perto da sua família, da sua vizinhança ou de você mesmo?

Uma das manchetes dos jornais há algum tempo foi a seguinte: World Net Daily publicou, 04 de setembro de 2002: – Em uma fita de treinamento da Al-Qaida, dentre as 64 fitas encontradas em uma caverna no Afeganistão, novas formas de terror foram reveladas. Os terroristas de Osama Bin Ladem estão planejando matar os americanos com tiros. A fita revela também invasões a escolas e prédios do governo com muitos ocupantes.

Imaginamos se aquele atirador de Washington D.C. não seria o início desses ataques terroristas. Os agentes de Satanás também são descritos no texto bíblico que mencionamos como *"caluniadores"* e *"tendo a aparência de piedade, mas negando a eficácia dela."* Nós tivemos uma experiência com um agente de Satanás recentemente em um congresso no qual ministramos no Queens, em Nova Iorque. Permita-me compartilhar isso a fim de que você comece a agir contra tais agentes satânicos.

Há um grupo de homens, de fato agentes de Satanás, que pertencem a um grupo chamado *"Em Busca da Liberdade Pessoal (EBLP)"*. Eles têm uma "forma de piedade" e se consideram cristãos com conhecimento superior aos demais. Declaram ter sido capacitados por Deus para julgar os outros e decidir se são cristãos ou não. Na verdade, tratam-se de caluniadores e negam o poder de Deus, indo contra todo ministério que esteja fazendo algo útil para o Reino de Deus! Eles têm páginas na Internet e enviam informações com toda sorte de calúnias e falsas acusações contra homens e mulheres de Deus.

Além disso, negam o fato de que servimos a um Deus que pode e quer operar de forma miraculosa e poderosa nestes dias. Eles têm publicado as mais inacreditáveis falsas acusações e calúnias contra nós há anos. Outros ministérios têm tentado processá-los, mas até o momento não têm tido sucesso por causa da falta de uma legislação que administre a Internet, pois todos são livres para publicar qualquer coisa, sendo verdade ou não.

O pastor Chizor, que liderou as reuniões onde estávamos ministrando em Nova Iorque, alugou um prédio da igreja para as reuniões acontecerem. Tudo estava indo bem, Deus estava abençoando e as pessoas estavam tendo suas vidas transformadas. No entanto, no quarto dia de seminário, um agente da "EBLP" foi até o prédio da igreja durante a manhã e dirigiu-se ao pastor que era o proprietário do prédio. Ele falou que era um agente do FBI e que havia sido enviado para proibir as reuniões e para prender Daniel e eu. Ele também disse ao pastor que se ele permitisse que as reuniões continuassem, os agentes do FBI viriam à noite e prenderiam todos que estivessem presentes! Resumindo, ele deixou o tal pastor apavorado!

Então, esse pastor ligou para o pastor Chizor em pânico. O pastor Chizor nos chamou no hotel e nos contou o que estava acontecendo e que ele estava indo para a igreja encontrar esse homem que se dizia agente do FBI. Nós o aconselhamos que exigisse ver sua identificação e que obtivesse o número do seu distintivo, caso ele mostrasse alguma identificação do FBI. E então marcamos um almoço com um conhecido irmão que recentemente havia sido convocado para fazer parte do Departamento de Polícia de Nova Iorque. Nós também falamos ao pastor Chizo que iríamos em seguida à igreja com nosso amigo para confrontar o homem que se dizia ser agente do FBI.

Quando o pastor Chizor chegou, o homem estava aos gritos, sendo extremamente hostil e exigindo que as reuniões fossem interrompidas imediatamente! Ele estava mostrando folhas de papel com várias falsas acusações contra nós por parte da "EBLP" e fazia muitas calúnias contra nós. Louvado seja Deus que o pastor Chizor não é um homem que se deixa ser facilmente intimidado e é um servo usado na batalha espiritual. Ele exigiu ver a identificação do FBI do tal agente e este lhe disse que não tinha que mostrar coisa alguma a ninguém. O pastor Chizo ficou firme e insistiu que a lei diz que é direito de qualquer cidadão ver a identificação de um oficial em uma situação como essa.

Então ele acrescentou que Daniel e eu estávamos a caminho com um Oficial da Polícia de Nova Iorque que queria conversar com ele pessoalmente. Na hora em que o pastor disse isso, o tal homem começou a gaguejar e disse que não tinha obrigação de falar com policial nenhum! Ele então saiu rapidamente evitando falar conosco. O pastor Chizor anotou o número da placa do carro dele e depois descobrimos que não era mesmo agente do FBI! Era simplesmente um agente da "EBLP", enviado por Satanás para tentar impedir que as reuniões acontecessem. Ele havia sido muito bem sucedido ao intimidar o primeiro pastor, que estava prestes a fechar a igreja para o seminário, mas não teve a mesma sorte ao tentar intimidar o pastor Chizo. As reuniões, então, procederam conforme o planejado e Deus derramou grandes bênçãos durante o resto daquela semana.

Depois que retornamos para casa, o tal homem nos enviou pelo correio alguns dos documentos que havia apresentado com toda a sorte de calúnias contra nós, algumas escritas à mão. Os documentos eram indicados como se fossem relatórios policiais, mas eram todos falsos, cheios de mentiras, ridículos se fossem lidos por alguém que nos conhecesse de verdade.

Mas tais agentes de Satanás estão causando danos terríveis ao corpo de Cristo! Estão trazendo divisão nas igrejas e espalhando fofocas sobre qualquer um que esteja servindo a Jesus Cristo verdadeiramente. Porém, o pior de tudo é que as pessoas estão dando ouvidos a eles. Como resultado, muitos têm enfraquecido na fé e alguns até têm se virado contra Deus. Outros não têm mais recebido ajuda de Deus porque não confiam mais nos ministérios que poderiam ajudá-los.

A palavra de Deus diz o seguinte sobre essas pessoas: *"Afastam-se deles!!"* Não devemos ter associação nenhuma com elas! Mas, infelizmente, a quantidade delas cresce e se alastra em nosso meio. A "EBLP" está tentando derrubar qualquer ministério que trabalhe com cura, libertação e com os dons do Espírito Santo. São homens ungidos por Satanás para fazer isso e, infelizmente, muitos pastores têm sido persuadidos por seus enganos e mentiras. Se essa gente conseguir permissão para continuar operando em nosso meio, a Igreja estará tão dividida que os milagres de Deus deixarão de fluir. Claro, esse é o objetivo desses agentes.

"Guardai-vos dos falsos profetas, que vêm a vós disfarçados em ovelhas, mas interiormente são lobos devoradores. Pelos seus frutos

os conhecereis. Colhem-se, porventura, uvas dos espinheiros, ou figos dos abrolhos?"
Mateus 7:15-17

Os frutos da "EBLP", e de outros como eles, são as calúnias, as fofocas, as falsas acusações, a difamação e a divisão. O ódio está explícito em tudo o que eles falam ou escrevem.

"Há seis coisas que o Senhor detesta; sim, há sete que ele abomina:
olhos altivos,
língua mentirosa,
e mãos que derramam sangue inocente;
coração que maquina projetos iníquos,
pés que se apressam a correr para o mal;
testemunha falsa que profere mentiras,
e o que semeia contendas entre irmãos."
Provérbios 6:16-19

Então o que podemos fazer? Antes de tudo orar! Pedir a Deus-Pai para derrubá-los, e a todos os outros! Levar o corpo de Cristo a se arrepender por ter estado em aceitação a todas as calúnias, e então se opor ao reino das trevas. Satanás fica diante de Deus com várias petições, infelizmente com direito legal na maioria dos casos, para que o Senhor permita que tais agentes satânicos operem no Corpo de Cristo por causa da receptividade que o povo de Deus tem em ouvi-los!

Recuse-se a acessar seus websites na Internet ou a passar seus materiais que difamam ministérios honrados. Acima de tudo, recuse-se a participar de qualquer mentira ou calúnia que espalham. Vá até o seu pastor e peça-lhe para ensinar à sua congregação sobre o mal da calúnia e da fofoca e os perigos do uso descontrolado da Internet. Se o povo de Deus for alertado sobre esse problema e orar e ensinar a se combater tal coisa e "se afastar deles", então os agentes de Satanás como a "EBLP" cairão por terra, pois perderão sua força.

PERÍODO DE MUITAS PROVAÇÕES

"Amados, não estranheis a ardente provação que vem sobre vós para vos experimentar, como se coisa estranha vos acontecesse; mas regozijai-vos por serdes participantes das aflições de Cristo; para que também na revelação da sua glória vos regozijeis e exulteis."
1 Pedro 4:12-13

Estamos entrando em um período de muitas provações. Muitas pessoas que conhecemos estão passando nesse exato momento por algumas delas. Estão sofrendo em seus negócios, por causa de suas famílias, por problemas de saúde e de muitas outras formas. Estamos entrando em um período no qual seremos testados e provados. Seremos avaliados quanto às nossas finanças, quanto ao nosso trabalho e quanto ao nosso "entrar e sair". Deus quer ver se você permanecerá firme quando provações mais graves ainda chegarem. Quando uma crise financeira acontece, você pensa primeiro em Deus ou em você mesmo? Roubará de Deus para pagar o mundo? Ou permanecerá firme e pagará a Deus o que é dEle por direito? As pessoas deixam de pagar o dízimo e de ofertar, mas querem mais bênçãos. Você acha que nesse caso mereceria uma bênção? Deus então lhe diz: *"Você merece Minhas bênçãos? Você tem sido honesto comigo? Ou está agindo como no tempo de Malaquias?"*
"Roubará o homem a Deus?
Todavia vós me roubais, e dizeis:
Em que te roubamos?
Nos dízimos e nas ofertas alçadas.
Vós sois amaldiçoados com a maldição;
porque a mim me roubais,

sim, vós, esta nação toda."
Malaquias 3:8-9

O cristianismo é uma "nação" e a nação cristã está endividada no Reino de Deus. Sua conta está com saldo devedor. Mas nós dizemos: *"Como roubamos a Deus?"*.
"Examinai-vos a vós mesmos se permaneceis na fé; provai-vos a vós mesmos. Ou não sabeis quanto a vós mesmos, que Jesus Cristo está em vós? Se não é que já estais reprovados."
II Coríntios 13:5

Você tem se desqualificado? Você tem feito promessas a Deus, promessas financeiras, e então, por causa desses tempos de crise, tem deixado de cumprir? Você ainda deve cumprir a promessa. Quantas vezes você prometeu ajudar um ministério ou uma igreja e por causa de provações nessa área tem deixado de cumprir? Deus se ira com essa atitude pois quer que sejamos uma nação próspera. Agora mesmo, é provável que Ele esteja desafiando você com o seguinte texto:
*"Trazei todos os dízimos à casa do tesouro,
para que haja mantimento na minha casa,
e depois fazei prova de mim, diz o Senhor dos exércitos,
se eu não vos abrir as janelas do céu,
e não derramar sobre vós tal bênção,
que dela vos advenha a maior abastança."*
Malaquias 3:10

Deus está dizendo: *"Faça prova de mim. Faça prova de mim e veja o que Eu farei"*.
Você precisa de uma crise financeira para ver se passa no teste? O povo hebreu, em Êxodos 36, quando Deus ordenou que trouxesse ofertas, trouxe tantas que Moisés teve que dizer às pessoas que pararem porque já havia muito mais do que o necessário para o trabalho do tabernáculo. Deus pode fazer

isso em sua vida. Ele pode lhe dar mais do que o suficiente. Suas orações agora devem ser: *"Você está fazendo prova de mim, Senhor, e eu irei passar no teste. Sim, irei passar no teste! O que eu tenho pertence a Ti, Deus, a Ti pertence os meus primeiros frutos, as minhas primícias. A Ti pertence tudo o que tenho. Então, Tu podes me testar, Senhor, e eu peço isso para que quando for aprovado possa dizer 'O Senhor me deu mais do que suficiente.'"*

Faça dessas palavras sua oração contínua, faça delas seu testemunho. Isso não é somente uma profecia, é uma ordem de Deus. Esta é a palavra de Deus para os tempos que virão. Só assim conseguiremos passar de cabeça erguida pelas provações que virão (com certeza) sobre a vida de cada guerreiro de Cristo neste final dos tempos. Não se conforme com este mundo, mas seja transformado pela Palavra de Deus.

Capítulo 2

Trevas Sobre a Terra

por Daniel Yoder

"E Jesus respondendo, disse-lhes: Acautelai-vos, que ninguém vos engane, porque muitos virão em meu nome dizendo: eu sou o Cristo; e enganarão a muitos. E ouvireis de guerras e de rumores de guerras. Olhai, não vos assusteis, porque é necessário que isso tudo aconteça, mas ainda não é o fim, porquanto se levantará nação contra nação e reino contra reino, e haverá fomes, e pestes, e terremotos em vários lugares. Mas todas estas coisas são o princípio de dores. Então vos hão de entregar para serdes atormentados e matar-vos-ão; e sereis odiados de todas as gentes por causa do meu nome. Neste tempo, muitos serão escandalizados e trair-se-ão uns aos outros, e uns aos outros se aborrecerão. E surgirão muitos falsos profetas e enganarão a muitos. E, por se multiplicar a iniqüidade, o amor de muitos esfriará"
Mateus 24:4-12

Podemos ver nos jornais, nas emissoras de rádio e nas de televisão que essa profecia feita por Jesus está sendo cumprida neste exato momento. Não é mais algo para o futuro. Enquanto eu, Daniel, estava lendo essa passagem em Mateus, um anjo apareceu para mim e me levou acima da Terra. Ele disse:

– Venha, eu quero mostrar a você o que Satanás está fazendo neste exato momento.

Ao olhar, o anjo apontou para baixo dizendo:

– Observe o que está saindo do ventre e da boca de Satanás.

Pude ver, então, uma nuvem escura saindo de sua boca e cobrindo toda a Terra, pondo uma sombra sobre todo o globo terrestre. Perguntei ao anjo o que era aquela nuvem.

– Observe mais de perto – ele respondeu.

Ao observar vi que a nuvem era, na verdade, composta como que de minúsculos insetos – inúmeros. Os insetos estavam descendo sobre as igrejas e sobre os lares cristãos. Não vi nenhum descrente sendo atacado naquele momento. Quando os insetos pousavam sobre os cristãos, dois ou três deles ficavam andando pelas orelhas; e, em determinados momentos, entravam nas orelhas das pessoas.

– O que são essas coisas e o que estão fazendo? – perguntei ao anjo.

– Cada criatura que você está vendo com aparência de inseto é, na verdade, um demônio. São demônios de desejos da carne. Eles se alimentam e crescem com os desejos carnais dos seres humanos. Os mesmos desejos sobre os quais Paulo escreveu aos gálatas.

"Porque a carne cobiça contra o Espírito e o Espírito contra a carne; e estes se opõem um ao outro para que não façais o que quereis. Mas se sois guiados pelo Espírito, não estais debaixo da lei. Porque as obras da carne são manifestas, as quais são: prostituição, impureza, lascívia, idolatria, feitiçarias, inimizades, porfias, emulações, iras, pelejas, dissensões, heresias, invejas, homicídios, bebedices, glutonarias e coisas semelhantes a estas, acerca das quais vos declaro, como antes vos disse, que os que cometem tais coisas não herdarão o reino de Deus. Gálatas 5:17-21

Fiquei chocado ao ver a quantidade de cristãos nos quais os demônios estavam entrando.

– Como isso acontece? – perguntei ao anjo. – Como esses demônios conseguem entrar em tantos cristãos?

– Por causa dos desejos carnais dentro deles – ele disse.
– Mas eles não desejam Deus e os ensinamentos de Jesus? – perguntei.
– Sim e não – ele respondeu.
– Não entendi – disse ao anjo.
– Estamos vivendo a última hora, Daniel – ele continuou.
– O relógio já está batendo meia-noite.
– Como assim? O que vai acontecer?
– Veja - o anjo apontou. – Observe o furor com que esses demônios estão se alimentando dos cristãos.
Fiquei completamente atordoado e questionei:
– Como isso pode estar acontecendo?
Ele se virou para mim e disse:
– Você não conhece o estado da Igreja de Deus e da Sua noiva?
– Bem, sim, sei que está enfraquecida – repliquei.
– Sim, e ficando cada vez mais fraca.
– Mas essas pessoas estão louvando a Deus nas igrejas, levantando as mãos, jejuando, e tentando viver uma vida santa – argumentei.
O anjo então citou:
"Pelo que alegrai-vos, ó céus, e vós que nele habitais. Ai dos que habitam na terra e no mar, porque o diabo desceu a vós e tem grande ira, sabendo que já tem pouco tempo.
Apocalipse 12:12

– Sim, conheço essa passagem – eu disse. – Mas ela não fala sobre o tempo depois do arrebatamento da Igreja?
O anjo olhou para mim com uma expressão de fúria e afirmou:
– Você não sabe que depois do arrebatamento não terá mais necessidade de se ler isso? Não?! É o que está acontecendo neste momento, hoje, na Terra. Satanás está se fortalecendo a cada dia. Dê uma olhada na Igreja. Está dividida politicamente,

por causa de teologias e de uma série de outras coisas. As pessoas da Igreja estão vivendo segundo seus desejos da carne em vez de segundo o Espírito. A Igreja tem permitido que toda sorte de pecado imaginável seja praticado e tem permanecido confortável e cômoda com a presença deles. As pessoas nem mais sabem identificar o que é pecado! Os pastores e líderes desobedecem explicitamente ao comando de Deus em Ezequiel 44:23, que diz assim: *"E a meu povo ensinarão a distinguir entre o santo e o profano, e o farão discernir entre o impuro e o puro" (Ezequiel 44:23)*

E o anjo continuou dizendo:

– Os pastores não falam mais sobre pecado, nem ensinam às pessoas a identificá-los. Além do mais, o coração humano é extremamente enganoso (Jeremias 17:9), pois faz as pessoas acharem que estão andando segundo Deus quando, na verdade, estão andando segundo a carne. Acham que estão ouvindo a Deus quando estão, na verdade, ouvindo os seus próprios desejos pecaminosos.

– Entendi. Mas o que esses demônios irão fazer com a vida dessas pessoas? – perguntei

- Eles querem destruir tudo o que é de Deus. Eles colocam as pessoas sob engano, para que pensem estar ouvindo a Deus quando, na verdade, não estão. Os demônios estão preparando o caminho para os falsos profetas e mestres que Satanás já colocou dentro da igreja. Eles semeiam grande discórdia entre o Corpo de Cristo e estão lá para colocar os irmãos uns contra os outros. Como é dito em Mateus: *"Nesse tempo, muitos serão escandalizados e trair-se-ão uns aos outros, e uns aos outros se aborrecerão"*. Existem demônios posicionados para destruir famílias e casamentos. Outros fazem as pessoas ficarem com raiva umas das outras, ofendidas com as mentiras que espalham. Ainda há os que entregam a elas falsas visões e falsos discernimentos. Falam mentiras, levando-as a pensar que essas mentiras vêm de Deus quando, na verdade, não vêm. Estão realizando suas obras de destruição de maneira assombrosa.

"Sabe, porém, isto: que nos últimos dias sobrevirão tempos trabalhosos, porque haverá homens amantes de si mesmos, avarentos, presunçosos, soberbos, blasfemos, desobedientes a pais e mães, ingratos, profanos; sem afeto natural, irreconciliáveis, caluniadores, incontinentes, cruéis, sem amor para os com os bons; traidores, obstinados, orgulhosos, mais amigos dos deleites do que amigos de Deus, tendo aparência de piedade, mas negando a eficácia dela. Destes afasta-te, porque deste número são os que se introduzem pelas casas e levam cativas mulheres néscias carregadas de pecados, levadas de várias concupiscências; que aprendem sempre e nunca podem chegar ao conhecimento da verdade."
II Timóteo 3:1-7

Voltei meus olhos para baixo e observei por longo tempo o que aqueles demônios estavam fazendo. Eles caminhavam, entrando e saindo das orelhas, do nariz, da boca e dos olhos das pessoas, enquanto roubavam o Espírito de Deus de dentro delas, porque tudo o que elas querem é agradar a própria carne.

O anjo observou:
– E isso está fazendo Deus se envergonhar da Sua Igreja.

Voltei-me para o anjo e disse:
– Eu sei que o avivamento está vindo, sei que Joel 2:28 diz que o Espírito será derramado sobre toda carne....

– Sim – ele concordou –, acontecerá, mas somente será cheio do Espírito aquele que perseverar, apesar dos sofrimentos, a fim de receber este derramar que está por vir. Deus quer dar a Seu Filho uma noiva limpa, sem mancha ou mácula. Mas neste momento, a Igreja está, verdadeiramente, no vale da decisão.

Então, o anjo me mostrou um vale com uma imensa multidão dentro dele. Cristo estava de um lado com Seus anjos e Satanás estava do outro lado com seus demônios. Eu vi que os anjos não tinham lugar em suas roupas para descansar suas espadas. Elas estavam sempre levantadas, prontas para a batalha. Do outro lado, vi Satanás e seus demônios se infiltrando pelo meio das pessoas, mas elas não clamavam a Deus, estavam simplesmente olhando para os homens. Procuravam por um líder humano, não por Deus. Então perguntei ao anjo:

– Por que? Por que os anjos não descem lá e lutam para proteger as pessoas? Essa é a função deles!

– Eles não irão desobedecer a Deus. Se você clamar pelo nome de Deus, então Ele enviará os anjos. Deus tem anjos guerreiros para cuidar de todo mundo e eles podem guerrear por você, por sua família, por seus amigos e amados, pela sua casa, pelo seu trabalho e, até mesmo, pela sua nação. Mas como os cristãos mantêm seus olhos no homem, não em Deus, acabam tropeçando e caindo. Uma vez que as pessoas estejam operando na carne, Deus não enviará anjos para lutar por elas. Essas pessoas podem até mesmo clamar a Deus e suplicar a Ele que envie Seus anjos guerreiros para manter aqueles demônios-insetos longe delas, mas não adiantará, pois o direito legal de estarem ali, os desejos carnais das pessoas, continua. Os cristãos querem sempre ver e sentir algo emocionante, que o Espírito Santo se manifeste a eles. Porém, acabam operando na carne tentando invocar tais manifestações. Querem que os desejos de seus corações sejam satisfeitos na mesma medida do seu engano. Isso é especialmente verdade com muitos pais, que são simplesmente incapazes de acreditar que seus filhos possam fazer qualquer coisa errada. Elas querem, então, que seus desejos carnais sejam satisfeitos e, por isso, aceitam toda falsa profecia vinda da carne – principalmente as sobre prosperidade, popularidade, poder, sucesso etc. Seus desejos são tão fortes que elas nem mesmo querem perguntar ao Senhor se estão sendo ou não enganadas.

Então o anjo continuou, agora mais calmo e solene:

— Porque falsos cristos e falsos profetas se levantarão com grandes sinais e maravilhas para enganar, se possível, até os eleitos (Mt 24:24). Ouça as palavras do nosso Deus! Até mesmo os cristãos mais fortes podem ser enganados! O mais reverente e dedicado pode ser enganado. Até os eleitos!

— Então que esperança existe? — perguntei.

— Sempre há esperança em um Deus de amor e de misericórdia, mas cada cristão deve cair de cara no pó, se humilhar diante de Deus e a Ele clamar e pedir que o proteja do engano e, o mais importante, que Deus revele se há algum engano em sua vida, independente de quão doloridas essas revelações possam ser. Entenda o seguinte: qualquer um pode ser enganado, não importa o quão firme no Senhor esteja! Satanás sempre opera através do engano. Nenhum ser humano é forte o suficiente para permanecer firme contra os enganos de Satanás por conta própria. Mesmo muitos dos anjos caíram no seu engano, e eles estavam direta e constantemente na presença de Deus! Somente Deus pode sustentar o cristão, mas este tem a responsabilidade de clamar continuamente a Deus para que faça isso. Pedir a Deus que envie Seus anjos de guerra para lutar por ele e pelos outros, pela Igreja e pela nação. Ele irá enviá-los, mas é necessário clamar!

Após o anjo ter me mostrado tudo isso, fiquei apavorado. Perseguição é algo que tem acontecido na minha vida e na vida da minha esposa, Rebecca. Também é algo que acontece na vida de muitos cristãos que conhecemos. Eu pensei na luta que estava sendo travada contra a carne, e que não havia ninguém ensinando às pessoas a resistirem a esses desejos. Poucos estão ensinando as verdades de Deus, e aqueles que ensinam estão sendo destruídos por Satanás. Os cristãos acreditam em qualquer mentira que se fala de alguém, o que me remete ao seguinte texto bíblico:

"Traze estas coisas à memória, ordenando-lhes diante do Senhor que não tenham contendas de palavras, que para nada aproveitam e são para perversão dos ouvintes. Procura apresentar-te a Deus aprovado, como obreiro que não tem de que se envergonhar, que maneja bem a palavra da verdade. Mas evita os falatórios profanos, porque produzirão maior impiedade. E a palavra desses roerá como gangrena, entre os quais são Himeneu e Fileto, os quais se desviaram da verdade dizendo que a ressurreição era já feita, e perverteram a fé de alguns. Todavia, o fundamento de Deus fica firme, tendo este selo: o Senhor conhece os que são seus, e qualquer que profere o nome de Cristo aparte-se da iniqüidade. Ora, numa grande casa não somente há vasos de ouro e de prata, mas também de pau e de barro. Uns para honra; outros, porém, para desonra. De sorte que, se alguém se purificar destas coisas, será vaso para honra, santificado e idôneo para uso do Senhor, e preparado para toda a boa obra. Foge também dos desejos da mocidade e segue a justiça, a fé, a caridade e a paz com os que, com um coração puro, invocam o Senhor. E rejeita as questões loucas e sem instrução, sabendo que produzem contendas. E ao servo do Senhor não convém contender, mas sim ser manso para com todos, apto para ensinar, sofredor. Instruindo com mansidão os que resistem, a ver se porventura Deus lhes dará arrependimento para conhecerem a verdade e tornarem a despertar desprendendo-se dos laços do diabo, em que à vontade dele estão presos."
II Timóteo 2:14-26

É hora de a Igreja parar de argumentar e de lutar contra os ensinamentos de Cristo. **Pecado é pecado.** Preto é preto e branco é branco. Deus nunca quis que estivéssemos divididos. Mas Ele disse que podemos ser diferentes. Devemos ter todos uma só fé, um só Corpo e um só Espírito. Há somente um Deus, um Filho de Deus e um Espírito Santo. Estamos juntos para construir o Reino de Deus, não para dividi-lo por causa dos nossos desejos carnais de nos tornarmos grandes e importantes. Devemos nos desviar do que é profano e das murmurações. Não é nosso objetivo criar competições uns com os outros, a ponto de causar divisão e ódio. Mas as mensagens de Himeneu e de Fileto, que se espalharam como câncer naqueles dias da Igreja Primitiva, repetem seus efeitos hoje. Basta olhar para os políticos apresentando suas candidaturas. Nunca olhamos para o que há de bom na vida dos que estão ao nosso redor, vemos somente os seus erros e defeitos. Todos nós temos defeitos e qualidades! Jesus ensinou que um reino dividido contra si mesmo nunca prevalecerá. Podemos escolher agora mesmo se queremos ver os anjos de guerra ao nosso lado ou não. Podemos ordenar: *"Satanás, você e seus demônios saiam agora mesmo das minhas costas, em nome de Jesus! Vão embora da minha vida. Eu quero servir a Deus!"* Será que estamos dispostos da dar essa ordem?

Que tipo de vaso você quer ser no Reino de Deus? A dura verdade é que o seu coração pode enganá-lo com facilidade. Você é capaz de pensar que Deus está falando com você quando, na verdade, é a sua própria carne ou um demônio que está se alimentando da sua carnalidade. Você pode estar completamente enganado! É sua vontade se prostrar diante da face de Deus e pedir a Ele que mostre se você tem andado no engano, não importando o quão dura possa ser essa verdade? Muitas pessoas jamais admitem que estão enganadas porque tal verdade é dolorosa demais para que a encarem. Essa gente rapidamente se torna amarrada pelos espíritos demoníacos e se tornam vulneráveis a eles.

Sim, você pode ser um vaso de honra para o Reino de Deus. Você não precisa ser perfeito, mas deve estar em constante arrependimento. Deve ter os frutos do Espírito Santo em você, que são amor, gozo, paz, longanimidade, benignidade, bondade, fé, mansidão, temperança. Temos o infinito amor de Deus derramado por nós, mas não conhecemos a alegria de Deus. Muitas famílias não têm paz em seus lares, irmãos e irmãos não têm longanimidade com os problemas uns dos outros; esquecemos de demonstrar benignidade, permitimos que a bondade não exista em nossas vidas, somos pouco fiéis com a Palavra de Deus e, menos ainda, quanto ao dízimo. Ainda esquecemos como devemos ser gentis uns com os outros; andarmos sem domínio próprio e nos sujeitarmos à raiva e à ira. Como diz Gálatas 5: 24: *"Os que são de Cristo crucificaram a carne com as suas paixões e concupiscências."* Se queremos viver no Espírito, conforme Gálatas 5:24, então é melhor começarmos a andar no Espírito. Vamos parar de ser orgulhosos e de provocar uns aos outros. Vamos deixar a inveja de lado. Onde está o relacionamento em Deus dentro da igreja? Onde está o perdão? Se alguém fez algo de errado no passado, não pode ser perdoado? O passado é passado se o sangue de Jesus está na vida da pessoa. Vamos observar a nova vida em Cristo de agora em diante. Não se engane, de Deus não se zomba. Você irá colher o que está semeando.

Perdoe, perdoe, perdoe e continue perdoando, e se esqueça dos erros passados dos outros! Essa é a mensagem de Deus para você. Vamos enterrar o passado de uma vez por todas. Vamos escalar o vale da decisão e permanecer com Deus e com Seus anjos guerreiros.

Uma nota da Rebecca

Nas últimas semanas, tenho visto um grande número de pessoas de repente caírem no engano. Estava sendo para mim algo bastante complexo entender como isso podia estar acontecendo até Daniel ter essa visão. Agora eu entendo. Ceder aos desejos da nossa carne nos deixa vulneráveis ao engano. Permita-me dar alguns exemplos claros.

Suponha que você se submeta a alguém que se declara ser profeta. Permite que ele imponha as mãos sobre você e profetize de forma falsa que você ganhará uma grande fortuna. Ao aceitar essa falsa profecia, você aceita que os demônios da pessoa entrem na sua vida. A partir daquele momento, você passa a crer que está ouvindo a Deus e irá receber visões falsas que o levarão para grandes problemas à medida que se esforça para cumprir a profecia. É por isso que a Igreja, hoje, está tão aberta para qualquer esquema de enriquecimento rápido e para profetas enganosos da prosperidade. As pessoas acham que estão ouvindo a Deus ao se envolverem com esse tipo de coisa por causa das falsas profecias em suas vidas. Ao contrário, estão ouvindo a espíritos demoníacos ou à sua própria carne.

Entre os pecados da carne, um dos mais graves certamente é a **idolatria**. Idolatrar é valorizar alguma coisa mais que a Deus. Quantas vezes eu tenho visto filhos adultos destruírem seus pais porque os pais os valorizam mais que a Deus. Os pais simplesmente não são capazes de acreditar que os filhos possam fazer alguma coisa errada e, por isso, permitem que eles cometam toda espécie de pecados, tentando levá-los a obter "sucesso" em suas vidas. Deus, em geral, trabalha mais através dos nossos fracassos do que dos nossos sucessos. Devemos, primeiramente, provar que somos fiéis no pouco, para Deus nos coloque sobre o muito. Infelizmente, a maioria dos filhos, hoje, quer começar suas vidas do mesmo ponto e lugar que os pais demoraram 30 anos para construir. Nós não podemos tirar o corpo fora dos princípios registrados na Palavra de Deus! É idolatria tentar fazer isso.

Descobrir que tem sido enganado é uma das coisas mais difíceis que um indivíduo pode encarar! A única forma de superar o fato de estar enganado é se humilhar e clamar a Deus para que revele qualquer tipo de engano em você, não importando o preço! Eu já estive enganada, mais de uma vez.

É muuuito doloroso! Mas, em todas às vezes, eu me humilhei e aprendi com aquelas situações. Acredite em mim, há vida após o engano. Por que Deus permite que sejamos enganados? Eu creio que é a maneira mais rápida e efetiva que Deus tem de nos mortificar.

Estamos agora nos "últimos dias", meu querido. Tempos difíceis estão vindo. É nossa oração fervorosa que você esteja fortalecido e protegido, como também que possa passar de maneira vitoriosa por estes dias que estão por vir.

Capítulo 3

Tempo de Guerra

por Rebecca Brown

"Tudo tem seu tempo determinado, e há tempo para todo o propósito debaixo do céu (...): **tempo de guerra** *e tempo de paz."*
Eclesiastes 3:1,8

Queridos irmãos e irmãs, estamos entrando em um tempo de guerra. A paz acabou! Quando viajo e ministro, faço sempre uma pergunta e quase 100% das pessoas respondem concordando que estamos nos "últimos dias" antes do retorno do nosso Senhor. O que as pessoas nem sempre entendem é que, a partir deste momento, não teremos mais paz. Vivemos uma guerra tanto no mundo espiritual quanto no físico.
"...Mas ai da terra e do mar! Porque o Diabo desceu a vós com grande ira, sabendo que pouco tempo lhe resta."
Apocalipse 12:12

Satanás sabe que o tempo dele é curto e está determinado a levar para o inferno o maior número de pessoas que puder. Satanás odeia a humanidade! Seu único objetivo é torturar e destruir tantos seres humanos quanto puder, no tempo que ainda lhe resta.

A corrida final é para ver quem permanecerá firme em Deus e quem não resistirá. Por isso, Deus está agora retirando

Sua mão e permitindo que Satanás guerreie contra a humanidade como nunca antes. Não devemos ficar surpresos ou preocupados com isso, pois Jesus nos disse claramente que esses tempos chegariam:

"E estando ele sentado no Monte das Oliveiras, chegaram-se a ele os seus discípulos em particular, dizendo: Declara-nos quando serão essas coisas, e que sinal haverá da tua vinda e do fim do mundo. Respondeu-lhes Jesus: Acautelai-vos, que ninguém vos engane. Porque muitos virão em meu nome, dizendo: Eu sou o Cristo; a muitos enganarão. E ouvireis falar de guerras e rumores de guerras; olhai e não vos perturbeis, porque forçoso é que assim aconteça, mas ainda não é o fim. Porquanto se levantará nação contra nação, e reino contra reino; e haverá fomes e terremotos em vários lugares. Mas todas essas coisas são o princípio das dores. Então sereis entregues à tortura, e vos matarão; e sereis odiados de todas as nações por causa do meu nome. Nesse tempo muitos hão de se escandalizar, e trair-se uns aos outros, e mutuamente se odiarão. Igualmente hão de surgir muitos falsos profetas, e enganarão a muitos; e, por se multiplicar a iniqüidade, o amor de muitos esfriará. Mas quem perseverar até o fim, esse será salvo."
Mateus 24:3-13

Jesus não poderia ter descrito a situação atual com mais clareza. Estamos agora em um tempo de guerra, e assim será até o Seu glorioso retorno! Muitos fatos irão marcar este tempo no qual vivemos:

- Diversas guerras,
- Cristãos sendo mortos em larga escala,
- Todos os tipos de catástrofes naturais,
- Inúmeros falsos profetas dentro da Igreja,
- Falta de amor; e homens e mulheres caindo em traição.

O apóstolo Paulo também escreveu sobre este tempo em que vivemos:
"Sabe, porém, isto, que nos últimos dias sobrevirão tempos penosos; pois os homens serão amantes de si mesmos, gananciosos, presunçosos, soberbos, blasfemos, desobedientes a seus pais, ingratos, ímpios, sem afeição natural, implacáveis, caluniadores, incontinentes, cruéis, inimigos do bem, traidores, atrevidos, orgulhosos, mais amigos dos deleites do que amigos de Deus, tendo aparência de piedade, mas negando-lhe o poder. Afasta-te também desses."
II Timóteo 3:1-5

Pare! Leia novamente esta passagem. Observe cuidadosamente esses versículos. Você tem sido ferido por alguém ultimamente? Por que você deveria estar surpreso ou chateado? Deus está dizendo que estas são as características da maioria das pessoas destes dias. Você não consegue entender por que seus filhos estão, repentinamente, se rebelando e se voltando contra você? Veja novamente o texto. Deus diz que eles iriam se comportar dessa maneira.

Não podemos mais confiar cegamente nas pessoas e nem sermos mais ingênuos. Deus está dizendo, através desses versículos, para estarmos vigilantes o tempo inteiro. Estamos vivendo tempos de guerra! Haverá poucos relacionamentos verdadeiros. Poucas são as pessoas nas quais podemos verdadeiramente confiar.

Por que você está procurando por paz e prosperidade, e pelo retorno do Senhor, todos em uma mesma janela de tempo? Suas expectativas estão completamente erradas! Você precisa repensar suas expectativas e alinhá-las com a Palavra de Deus. Deus tem um propósito divino para todo este tempo de lutas e dificuldades. Sua Palavra diz que, quando Jesus retornar, Ele virá buscar uma noiva *"para apresentá-la a si mesmo igreja gloriosa, sem mácula, nem ruga, nem qualquer coisa semelhante, mas santa e irrepreensível" (Efésios 5:27)*

Tais atributos certamente não descrevem a Igreja de hoje! Então, estando nós perto do retorno do nosso Senhor, há ainda muito trabalho a ser feito para purificar a Igreja. Como Deus irá fazer isso? Com FOGO! Como narra a Bíblia, sempre que Deus tinha que purificar Seu povo, Ele o fazia com fogo, isto é, com sofrimentos (provações). Pedro colocou isso do seguinte modo:

"Ora pois, já que Cristo padeceu na carne, armai-vos também vós deste mesmo pensamento; porque aquele que padeceu na carne já cessou do pecado; para que, no tempo que ainda vos resta na carne não continueis a viver para as concupiscências dos homens, mas para a vontade de Deus."
1 Pedro 4:1-2

O livro de Hebreus diz:
"Vede que não rejeiteis ao que fala; porque, se não escaparam aqueles quando rejeitaram o que sobre a terra os advertia, muito menos escaparemos nós, se nos desviarmos daquele que nos adverte lá dos céus; a voz do qual abalou então a terra; mas agora tem ele prometido, dizendo: Ainda uma vez hei de abalar não só a terra, mas também o céu. Ora, esta palavra - Ainda uma vez - significa a remoção das coisas abaláveis, como coisas criadas, para que permaneçam as coisas inabaláveis. Pelo que, recebendo nós um reino que não pode ser abalado, retenhamos a graça, pela qual sirvamos a Deus agradavelmente, com reverência e temor; pois o nosso Deus é um fogo consumidor."
Hebreus 12:25-29

Tudo isso parece frio e pessimista? Esse é exatamente o nosso problema, queridos irmãos. Temos sido ensinados tão intensivamente pelos falsos profetas dos nossos dias que devemos esperar somente coisas boas, que nos tornamos fracos e completamente incapazes de lidar com qualquer tipo de sofrimento. Esse estado de mente é exatamente o que Satanás quer que tenhamos. Por que? Porque à medida que pensamos que não passaremos por sofrimento, ele poderá nos derrotar e destruir com mais facilidade. Com esse estado mental, nos revoltamos quando o sofrimento vem. Criamos dentro de nós revolta contra Deus e contra as outras pessoas. Passamos a sentir que estamos sendo tratados de forma injusta, que não devíamos estar sofrendo tal coisa. Nosso relacionamento com Deus desmorona, assim como o nosso relacionamento com os que nos cercam. Quando nos revoltamos contra Deus por causa do nosso sofrimento, nos desconectamos da única fonte de força que pode nos ajudar a passar pelas adversidades.

Nas forças armadas, a primeira matéria ensinada em cada curso de sobrevivência é sobre a "**propensão mental**". A forma da pessoa pensar é o que primeiramente determina se ela irá sobreviver a uma dificuldade ou não. Na marinha, eles têm um lema: "*O único dia bom foi ontem*". Se você luta contra as circunstâncias, afirmando que não deveria estar passando por tais coisas, então você já está derrotado. As Escrituras nos ensinam a mesma coisa de modo interessante. Pedro diz: "*Revesti-vos com a mesma forma de pensar* (mente)". Que mente (forma de pensar) é essa? A mente de Cristo. Jesus configurou Sua mente para ser desprezado e sofrer. Ele não veio ao mundo para experimentar prosperidade e tempos de bonança. Ele veio ao mundo deixando toda a incrível glória e privilégios que tinha no Céu, para experimentar dificuldades e sofrimentos inacreditáveis.

"*Tende em vós aquele sentimento que houve também em Cristo Jesus, o qual, subsistindo em forma de Deus, não considerou o ser igual a Deus coisa a que se devia aferrar, mas esvaziou-se a si mesmo, tomando a forma de servo, tornando-se semelhante*

aos homens; e, achado na forma de homem, humilhou-se a si mesmo, tornando-se obediente até a morte, e morte de cruz."
Filipenses 2:5-8

Jesus, que era Deus, deixou o status e os privilégios de ser Deus para vir ao mundo sofrer! Temos de ter a mesma disposição mental. Deus não nos colocou na Terra apenas para experimentarmos tempos bons. Ele também planejou sofrimentos para as nossas vidas. Todos nós iremos passar por momentos de sofrimento. O problema é que não fomos ensinados ou treinados para passarmos por eles. Os falsos profetas de nossos dias continuamente proclamam: *"Paz e Prosperidade, Saúde e Riquezas, Tempos de Bonança para todos! A Fé é tudo o que você precisa para 'manipular' Deus e Ele dar a você tudo o que o seu coração deseja!"*. Temos ouvido essa mensagem tão constantemente que caímos na armadilha de pensar que há alguma coisa errada conosco ou com Deus quando não somos curados instantaneamente, quando não obtemos bonança financeira de uma hora para outra ou quando não temos nossos problemas resolvidos em um piscar de olhos. Por isso, quando tempos difíceis sobrevêm às nossas vidas, nós nos queixamos e choramos, nos desanimamos, ficamos desencorajados e caímos em depressão, tudo porque achamos que não devemos passar por sofrimentos.

Muitos caem na armadilha de correr de profeta em profeta, de igreja em igreja, de altar em altar, de conferência em conferência, tentando receber uma "palavra de Deus" e um milagre que, instantaneamente, resolva todos os seus problemas. Muitos tomam decisões sérias em suas vidas baseados em falsas profecias que recebem. Infelizmente, muitos destes acabam se afastando de Deus, rejeitando ao Senhor por acharem que Ele não é um Deus de amor. Como nossas expectativas estão erradas! É tempo de começarmos a praticar Romanos 12:2:

"Rogo-vos pois, irmãos, pela compaixão de Deus, que apresenteis os vossos corpos como um sacrifício vivo, santo e agradável a Deus, que é o vosso culto racional. E não vos conformeis a este mundo, mas transformai-vos pela renovação da vossa mente, para que experimenteis qual seja a boa, agradável, e perfeita vontade de Deus."
Romanos 12:1-2

É tempo de renovarmos nossas mentes, isto é, de mudarmos a maneira como pensamos as coisas. Mas mudar nossa maneira de pensar sobre o quê? Bem, tente o seguinte, por exemplo:
"Tiago, servo de Deus e do Senhor Jesus Cristo, às doze tribos da Dispersão, saúde. Meus irmãos, tende por motivo de grande gozo o passardes por várias provações."
Tiago 1:2-3

"Bem-aventurado o homem que suporta a provação; porque, depois de aprovado, receberá a coroa da vida, que o Senhor prometeu aos que o amam."
Tiago 1:12

"Na qual exultais, ainda que agora por um pouco de tempo, sendo necessário, estejais contristados por várias provações, para que a prova da vossa fé, mais preciosa do que o ouro que perece, embora provado pelo fogo, redunde para louvor, glória e honra na revelação de Jesus Cristo."
1 Pedro 1:6-7

"Fiel é esta palavra: se, pois, já morremos com ele, também com ele viveremos; se perseverarmos, com ele também reinaremos; se o negarmos, também ele nos negará."
2 Timóteo 2:11-12

"Sofre comigo como bom soldado de Cristo Jesus. Nenhum soldado em serviço se embaraça com negócios desta vida, a fim de agradar àquele que o alistou para a guerra." 2 Timóteo 2:3-4

Estes são apenas alguns versículos. Leia-os mais de uma vez. Pense sobre eles! Revista sua mente com eles. Lembre-se: Deus está muito mais interessado em seu caráter do que em seu conforto! O caráter é desenvolvido em períodos de dificuldades e provações.

Então há alegria e esperança para os que estão no meio dessas provações? Claro que sim! Novamente temos várias promessas de Jesus assim estabelecidas:

"Seja a vossa vida isenta de ganância, contentando-vos com o que tendes; porque ele mesmo disse: Não te deixarei, nem te desampararei. De modo que com plena confiança digamos: O Senhor é quem me ajuda, não temerei; que me fará o homem?"
Hebreus 13:5-6

"Deixo-vos a paz, a minha paz vos dou; eu não vo-la dou como o mundo a dá. Não se turbe o vosso coração, nem se atemorize."
João 14:27

"Se guardardes os meus mandamentos, permanecereis no meu amor; do mesmo modo que eu tenho guardado os mandamentos de meu Pai, e permaneço no seu amor. Estas coisas vos tenho dito para que o meu gozo permaneça em vós, e o vosso gozo seja completo."
João 15:10-11

"Tenho-vos dito estas coisas, para que em mim tenhais paz. No mundo tereis tribulações; mas tende bom ânimo, eu venci o mundo."
João 16:33

Jesus encarou todo o sofrimento pelo qual passou da maneira que devemos encarar os momentos de dificuldades pelos quais passamos e passaremos. Ele está disponível para nós, quer nos ajudar e nos dar forças, nos dar Sua alegria e paz no meio de tudo isso. Deus não está pedindo que passemos por esses momentos de dificuldades sozinhos. Ele promete estar bem ao nosso lado em cada um deles.

TEMPO DE CRISE

Estamos agora em tempo de crise nos Estados Unidos da América (onde reside a autora). Estamos nos deparando com a mais importante eleição da história. Falsos profetas e políticos estão prometendo paz e prosperidade. Infelizmente, muitos cristãos irão votar em um homem que está dando uma falsa promessa de paz. Ele nos diz que não estamos em tempos de guerra. Aliás, diz que nem devemos estar em guerra! Pelo fato de o desejo de paz e de conforto ser tão grande, muitos irão cair na armadilha de votar em alguém que é a favor do aborto e do homossexualismo.

Através dos tempos, foram o assassinato de crianças e o homossexualismo que trouxeram a mão do juízo de Deus sobre uma nação. Se alguém que apóia o aborto e a homossexualidade chegar ao poder e promover seus ideais, certamente veremos Deus mover juízo sobre nossa nação. Por favor, ouça ao Senhor. Não estamos em tempo de paz, estamos em tempo de guerra! Este é o tempo para sermos guerreiros! Satanás irá operar através dos nossos desejos carnais por conforto a fim de fazer com que sigamos e elejamos os líderes errados.

Satanás está observando. Ele planeja usar o islamismo para remover o cristianismo da face da terra. Não é por acidente ou coincidência que os terroristas estejam decapitando suas vítimas. O livro de Apocalipse nos diz que, nos últimos dias, a decapitação será a forma de execução mais escolhida por Satanás. O livro de Daniel chama estes últimos dias de "o tempo de tribulação de Jacó". Por que não chama o tempo de tribulação de Israel? Porque o islamismo descendeu de Esaú, que jurou matar Jacó porque este roubou sua bênção da primogenitura. Satanás irá tentar cumprir esse juramento, hoje, através dos descendentes de Esaú. É tempo de aprendermos mais sobre o nosso inimigo a fim de que não sejamos derrotados. Existem muitos livros bons disponíveis sobre esse assunto, os quais listamos no final deste livro. Você precisa ser treinado para que não seja derrotado, para que não pereça. Abra seus olhos!

Infelizmente, os cristãos têm procurado paz e prosperidade por tanto tempo que, quando o Anticristo se erguer prometendo paz e prosperidade a todos, muitos cristãos irão se juntar a ele. As Escrituras nos dizem que ele enganará, se possível, até mesmo os eleitos. Este é, pois, o tempo de prepararmos nossos corações e mentes para o que está por vir. Satanás não irá recuar e se levantará cada vez mais forte, como as Escrituras nos dizem. Estamos entrando em um tempo que exigirá muita paciência e tolerância.

"Se alguém há de ir para o cativeiro, para o cativeiro irá. Se alguém há de ser morto* à espada, à espada será morto."
Apocalipse 13:10 (NVI)
"Aqui está a perseverança dos santos que obedecem aos mandamentos de Deus e permanecem fiéis a Jesus."
Apocalipse 14:12 (NVI)

Preparemos nossos corações e mentes para encarar o que para nós, cristãos, está vindo de forma vitoriosa. Estamos felizes por estarmos vivendo estes tempos? Não particularmente, mas estamos bem cientes do que Deus planejou para nós. Foi para este tempo que nós, você e eu, nascemos. Deus tem planos para nós, planos para que venhamos a guerrear e a ganhar. Mas, ao recebermos Jesus como Senhor e Salvador, voluntariamente entramos para lutar nesta guerra. A Palavra de Deus diz:

"*O teu povo apresentar-se-á voluntariamente no dia do teu poder...*"
Salmo 110:3

Ao ser um voluntário, não haverá espaço para reclamações. Você não poderá dizer: "*Deus, por que o Senhor permitiu que isso acontecesse comigo?*". Não haverá retirada ou retrocesso. A armadura de Deus protege somente a nossa frente, não nossas costas. A imprensa está constantemente reclamando sobre os soldados que foram mortos no Iraque. Sim, é difícil. Queríamos que não fosse necessário, mas todos no Iraque se voluntariaram para ir à guerra, da mesma forma como fazemos quando aceitamos a Jesus.

Nossa disposição mental errada pode nos levar a entrar em problemas. Recentemente, me deparei com uma situação que poderia ter terminado muito mal. Trata-se de um excelente exemplo de como precisamos entender que estamos vivendo em um tempo de guerra.

Eu havia agendado uma viagem e ministrações em duas cidades da Carolina do Norte e uma na Virgínia (estados dos EUA), todas em igrejas hispânicas. Um irmão, chamado Carlos, foi o organizador dos três eventos. Ele divulgou as reuniões em seu website em espanhol, e começou a receber e-mails de jovens que se auto-proclamavam satanistas e ameaçavam ir à igreja onde eu ministraria a fim de me matar. Com o passar do tempo, os e-mails se tornaram cada vez mais explícitos e ameaçadores. Um dos autores das mensagens, em particular, declarou que me mataria e conquistaria poder para conseguir "levar destruição em massa".

Não estávamos preocupados com nada que eles pudessem fazer no mundo espiritual, mas preocupados com a possibilidade de, estando drogados, irem à igreja armados e criarem problemas reais. Entretanto, o pastor da igreja não deu muita atenção ao assunto e disse que eram apenas "loucos", que não iram causar nenhuma preocupação. O interessante é que, no final do mês anterior, enquanto eu estava viajando por Nova Iorque, mencionei essas ameaças a três diferentes pastores, pedindo que orassem por minha proteção. Todos os três disseram a mesma coisa: "*Oh, não precisa ficar preocupada, nada acontece aqui na América*". Consegue perceber? Essa é a mentalidade condicionada à paz. Mas não estamos em tempo de paz! Somente observe como os tiros dentro das escolas têm crescido. Em Columbine, um dos garotos foi à biblioteca da escola e exigiu ser informado quais alunos serviam a Jesus Cristo. Uma das garotas levantou a mão e disse que servia; o menino atirou nela fatalmente à queima-roupa. Em Kentucky, outro menino deu vários tiros em uma reunião de oração de alunos cristãos no início da manhã, matando vários deles. Isso é guerra! É real!

Eu viajei primeiramente para Taylorsville, no estado da Carolina do Norte, e ali ministrei por cinco dias. A outra cidade, Durham, ficava cerca de 250km de distância e não consegui entrar em contato com o departamento de polícia para lhes enviar os e-mails com as ameaças. O irmão Carlos ficou cada vez mais incomodado e falou comigo várias vezes, pedindo para transferir as reuniões para outra igreja, uma vez que o pastor não estava interessado em entrar em contato com a polícia local sobre as ameaças recebidas ou em tomar qualquer atitude sobre elas. Finalmente, comecei a considerar o pedido de mudar o local das reuniões, o que tornaria as coisas mais fáceis para todos. Entretanto, no último dia da ministração em Taylorsville, durante a chamada para as pessoas se entregarem a Deus no altar, o Senhor falou comigo com bastante ênfase. Ele disse: *"Se Eu tivesse escolhido enviar você para os braços da morte, você iria! Eu tenho uma obra para você fazer naquela igreja, e você vai lá, não importa o que aconteça"*. Tudo o que eu pude dizer foi: *"Sim, Senhor!"*. Mais tarde, Daniel, meu marido, me ligou e disse que o Senhor havia dito a ele algo muito parecido, o que trouxe confirmação.

Fomos então para Durham. No primeiro dia de reunião, foi impossível entrar em contato com o pastor da igreja. Além disso, Carlos não conseguiu chegar a tempo em Durham para levar os e-mails e ir comigo ao departamento de polícia. Entretanto – louvado seja Deus –, havia uma jovem na igreja, integrante da equipe de louvor, que entendeu que estávamos em tempos de guerra. Ela mesma levou as cópias dos e-mails ameaçadores para o departamento de polícia de Durham e, para minha grata surpresa, a polícia considerou as ameaças um assunto sério. Quando nós, finalmente, chegamos para a primeira noite de ministração, descobrimos que a polícia de Durham havia enviado três policiais à igreja – dois de uniforme e um detetive à paisana da Unidade de Vítimas Especiais.

A primeira noite foi terrivelmente difícil. Os satanistas foram à reunião, mas não entraram no local da igreja. Em vez disso, rodearam o templo e lançaram suas maldições. As atividades demoníacas contra a igreja foram tão pesadas que foi extremamente difícil ministrar. Carlos, que foi o meu intérprete, e eu, estávamos tão exaustos que depois mal podíamos ficar em pé. Após a reunião, falei com o pastor e mostrei a ele como ungir, limpar e selar a igreja a fim de manter a opressão demoníaca do lado de fora. Depois que ele seguiu essas orientações, a opressão cessou e houve um livre fluir do Espírito Santo. Eu nunca havia ministrado em lugar no qual as pessoas estavam tão sedentas e entusiasmadas para aprender. Elas ouviam com bastante atenção e enviavam muitas perguntas interessantes. Foi um prazer trabalhar com elas.

Por quatro noites, os oficiais de polícia patrulharam a área externa da igreja, e os satanistas nem sequer tentaram entrar. Porém, no último dia, no sábado, a reunião estava marcada para às 14h, mas ninguém chegou no horário e, então, fiquei do lado de fora do templo por alguns instantes, falando com o detetive à paisana, dando-lhe alguns dos meus livros. Os outros dois oficiais estavam dentro da igreja. Foi quando o líder dos satanistas achou que teria uma oportunidade de me atacar e correu em minha direção. Ele era um homem enorme, muito alto e eu sozinha não teria a menor chance de defesa. No entanto, os policiais o detiveram e o arremessaram para o chão, de mãos atadas, antes que ele tivesse a chance de me machucar. O satanista estava fortemente armado e poderia ter feito um grande estrago se os policiais não estivessem lá! Louvado seja o Senhor porque o departamento de polícia de Durham entendeu que estávamos em um tempo de guerra! Descobriu-se que esse homem era um imigrante ilegal de Honduras. Ele esteve envolvido com violência, antes, e era procurado pela polícia por outros crimes. O detetive me disse, mais tarde, que eles haviam discutido sobre não enviar os policiais para a última reunião porque a segurança era maior durante a luz do dia. Mas falou que algo, dentro dele, lhe disse que eles tinham de estar lá porque alguém iria me atacar. Eu acredito que esse "algo" foi o Senhor.

O rapaz que tentou me agredir tinha tatuagens satânicas por todo o braço e dois CDs no bolso, que davam instruções detalhadas sobre como realizar sacrifícios de sangue. Tinha, também, duas bíblias satânicas e parafernálias usadas em vários rituais demoníacos. Ele usava um "anel de morte" também.

Satanás está vivo e solto pelo planeta Terra, meus caros! Nunca devemos desconsiderar suas ameaças e sim estar atentos e alertas. Coisas ruins podem ocorrer e irão ocorrer cada vez com mais freqüência nos Estados Unidos e no resto do mundo. Devemos orar por nossos oficiais de polícia e por todas as instituições que zelam pelo cumprimento da lei. Eu orei muito pelos oficiais durante as reuniões, buscando a proteção deles contra todas as maldições que os satanistas poderiam estar lhes enviando, da mesma forma como estavam enviando para mim. Vocês conseguem imaginar quantas maldições a polícia recebe por parte de criminosos envolvidos com o ocultismo? Não é de se admirar que as ondas de incêndios, suicídios e divórcios contra os órgãos que cuidam do cumprimento da lei sejam tão altas. Devemos orar pela proteção deles regularmente. Esse incidente trouxe para mim essa revelação de modo muito intenso.

Estamos em tempo de guerra, queridos irmãos e irmãs. Não caiam no engano de acharem que nosso inimigo não tem poder! Exorto a todos para que "posicionemos nossas mentes" a fim de estarmos preparados para lutar nesta batalha e permanecermos vitoriosos até a volta do Senhor.

"*Sede sóbrios, vigiai. O vosso adversário, o Diabo, anda em derredor, rugindo como leão, e procurando a quem possa tragar; ao qual resisti firmes na fé, sabendo que os mesmos sofrimentos estão-se cumprindo entre os vossos irmãos no mundo.*"
1 Pedro 5:8-9

Uma mensagem para os 'Guerreiros da Colheita' no Brasil

A Igreja brasileira, que diariamente assiste a um assustador derramamento de sangue com a execução de policiais, principalmente em grandes cidades como Rio de Janeiro e São Paulo, também deve entrar nessa batalha espiritual e buscar de Deus proteção para os que têm a árdua tarefa de fazer cumprir a lei. Só a Igreja é capaz de interceder pela vida de nossos policiais, com arrependimento por todo sangue derramado e pela corrupção nas corporações.

No Rio de Janeiro, por exemplo, pactos de sangue feitos com entidades espirituais que regem a cidade se cumprem diariamente com a enormidade de sangue derramado todos os dias, sangue que penetra o solo e que alimenta e fortalece o poder do inferno sobre a cidade. O Rio de Janeiro ainda é um lugar que resiste fortemente ao movimento de libertação e batalha espiritual, principalmente por causa desses pactos e da presença de outras fortalezas espirituais. A Igreja no estado do Rio de Janeiro, e em especial da capital, deve se colocar em arrependimento diante de Deus e clamar pela cura da terra.

Estamos orando ao Senhor para que levante um grupo de guerreiros na cidade do Rio de Janeiro para que possam ser treinados a fim de fazer resistência contra as hostes espirituais. O Senhor pergunta: *"A quem enviarei?"*

Capítulo 4

As Provações de um Guerreiro
por Rebecca Brown

"No demais, irmãos meus, fortalecei-vos no Senhor e na força do seu poder. Revesti-vos de toda a armadura de Deus, para que possais estar firmes contra as astutas ciladas do diabo. Pois não temos de lutar contra a carne e o sangue, e, sim, contra os principados, contra as potestades, contra os poderes deste mundo tenebroso, contra as forças espirituais da maldade nas regiões celestes."
Efésios 6:10-12

"Pois embora andando na carne, não militamos segundo a carne. As armas da nossa milícia não são carnais, mas sim poderosas em Deus, para destruição das fortalezas."
II Coríntios 10:3-4

"Sofre, pois, comigo, as aflições como bom soldado de Cristo Jesus. Nenhum soldado em serviço se embaraça com negócio desta vida, a fim de agradar àquele que o alistou para a guerra."
II Timóteo 2:3-4

A Palavra de Deus é clara quanto ao fato de que estamos todos envolvidos em uma guerra! Independente da nossa vontade, logo que tomamos a decisão de servir a Jesus Cristo como nosso Senhor, somos imediatamente envolvidos nessa batalha! Eu, Rebecca, já estou envolvida em intensa batalha espiritual há mais de 30 anos. Não sei o porquê, mas algumas pessoas pensam que se você é um guerreiro experiente, se esteve envolvido em batalha espiritual por muito tempo e se é um cristão maduro, as provações que envolvem a batalha espiritual já não o incomodam mais. Isso simplesmente não existe! Nada nessa guerra contra Satanás e seu reino é fácil ou indolor! Além disso, o maior problema é que muitas vezes as provações pelas quais passamos como resultado dessa guerra não parecem ter cara de provação. Elas não vêm com uma placa dizendo: "Esse sofrimento é por Jesus!". Seriam mais fáceis de suportar se viessem.

O segredo nessa batalha é com certeza **obedecer**. Além do mais, é nossa obrigação obedecer a Jesus, nosso comandante e então Ele lutará as batalhas por nós.

"Então ele me disse:
Esta é a palavra do Senhor a Zorobabel:
Não por força nem por poder, mas pelo meu Espírito,
diz o Senhor dos Exércitos."
Zacarias 4:6.

Enquanto andarmos em obediência a Deus, o Espírito do Senhor lutará e ganhará todas as nossas batalhas. Sendo assim, a intenção de Satanás é fazer todo o possível para nos levar a desobedecer ao Senhor, pois, assim que o fizermos, seremos derrotados. Lembre-se de que Satanás sempre opera através do engano e que Deus está sempre colocando à prova nossa obediência. Nunca alcançaremos um nível elevado em nossa caminhada com o Senhor sem que Ele antes teste nossa obediência. É algo contínuo. Oro para que, enquanto você lê esse livro, o Espírito Santo traga à sua mente experiências pelas quais você passou a fim de que tivesse o seu obedecer provado. Talvez você esteja agora em uma situação na qual Deus o está testando. Tenha bom ânimo, pois se permanecer firme e obedecer, o Senhor ganhará batalha para você. Daniel e eu estamos casados há 18 anos. No dia do nosso casamento, e em várias ocasiões logo após a celebração, o Senhor falou comigo e disse: *"Irei usar esse homem para salvar sua vida várias vezes"*. E é assim que tem sido. Não consigo enumerar a quantidade de vezes nas quais Deus falou com Daniel, avisando-o que eu estava com problemas ou contando-o antecipadamente alguma dificuldade que estaria por vir. Sobre nenhuma dessas ocasiões Daniel se enganou ao longo de todos esses anos e tais fatos foram um fator muito importante em minha mente na última batalha e provação pela qual passamos.

Há algum tempo, agendamos um seminário em Camarões, na África, e, inicialmente, estava tudo combinado para eu ir sozinha. Fui convidada para ir pelo ministério de Joseph e Elizabeth Olyange, servos firmes de Jesus Cristo e muito experientes em batalha espiritual. Voaria primeiro para Douala, a maior cidade do país, e depois para Yaounde, a capital da nação. Havia ficado ocupadíssima com os preparativos para a viagem e parecia que tudo o que podia dar errado realmente deu, tanto para mim como para a organização do casal Olyange! Por fim, fiz as malas e estava pronta para ir. Então, de repente, apenas duas noites antes de partir, Daniel teve uma visão terrível e muito real. Ele acordou completamente transtornado e, mais tarde, naquele dia, me disse que eu não poderia ir à África! Nem precisa dizer que fiquei chateada e me recusei a simplesmente aceitar tal pronunciamento.

– Não posso ir para a África?! Você enlouqueceu! Eles têm dado duro há muito tempo para organizar o seminário e estão esperando em torno de 30.000 pessoas! Assumi o compromisso e dei minha palavra. Como posso voltar atrás?! – foi minha resposta.

Durante todo o dia ficamos os dois entristecidos. Daniel ainda não havia me dito sobre a visão, ele estava tão triste que não conseguia falar sobre ela. Eu fiquei tão transtornada que literalmente adoeci. Como eu poderia voltar atrás em minha palavra? Como poderia não cumprir um compromisso dessa proporção? Além do mais, Daniel é meu marido. Orei durante o dia todo e pedi ao Senhor que me desse uma resposta. A única coisa que o Senhor me disse foi: "*Não saia de casa sem estar em paz com seu marido.*"

Por fim, no final daquela noite, um dia antes da minha viagem, sentei, orei e ordenei que todos os demônios fossem amarrados e pedi a Daniel que me contasse exatamente o que havia acontecido para que ele estivesse tão fortemente convicto de que eu não deveria ir à África. Deus operou e Daniel pôde se acalmar e conversar comigo. Ele me disse que na noite anterior havia tido uma visão na qual me viu aterrissando em Douala e, então, viu um grupo de homens vindo ao meu encontro no aeroporto dizendo que estavam representando o ministério que me convidara. Mas os homens acabavam me seqüestrando e me levando para bem longe do aeroporto e então me assassinavam dois dias depois. No fim da visão, o Senhor, de forma firme, disse o seguinte a Daniel: "A viagem não deve ser feita".

Caramba! E agora? Dúvidas começaram a voar por minha mente: *Por que o Senhor esperou tanto para me dizer para não ir? Será que foi realmente uma visão ou apenas um sonho devido às preocupações de Daniel a respeito da viagem? Será que ainda daria tampo de cancelar tudo? Será que teria que deixar de honrar minha palavra, meu compromisso e arruinar minha reputação? Como poderia causar tamanho transtorno aos Olyanges?*

Fui ao Senhor em oração. Minha pergunta foi: "*Senhor, agora que já fui advertida, será que o Senhor poderia enviar Seus anjos e me livrar?*" SILÊNCIO! Deus nada respondeu. Entenda que quando Deus fala uma coisa, Ele não fica se repetindo. Daniel me falou em lágrimas:

– Não vou impedir você de ir, mas digo que depois que você passar por aquela porta eu nunca mais irei vê-la com vida! Ainda sentada, procurei em minha mente algum versículo que falasse de pessoas sendo advertidas por Deus e que houvessem desobedecido ou que foram impedidas de ir a algum lugar ministrar. Dois trechos vieram à minha mente:

"Por ordem do SENHOR um homem de Deus foi de Judá a Betel, quando Jeroboão estava em pé junto ao altar para queimar incenso. Ele clamou contra o altar, segundo a ordem do SENHOR: "Ó altar, ó altar! Assim diz o SENHOR: 'Um filho nascerá na família de Davi e se chamará Josias. Sobre você ele sacrificará os sacerdotes dos altares idólatras que agora queimam incenso aqui, e ossos humanos serão queimados sobre você' ". Naquele mesmo dia o homem de Deus deu um sinal: "Este é o sinal que o SENHOR declarou: O altar se fenderá, e as cinzas que estão sobre ele se derramarão". Quando o rei Jeroboão ouviu o que o homem de Deus proclamava contra o altar de Betel, apontou para ele e ordenou: "Prendam-no!" Mas o braço que ele tinha estendido ficou paralisado, e não voltava ao normal. Além disso, o altar se fendeu, e as suas cinzas se derramaram, conforme o sinal dado pelo homem de Deus por ordem do SENHOR. Então o rei disse ao homem de Deus: "Interceda junto ao SENHOR, o seu Deus, e ore por mim para que meu braço se recupere". O homem de Deus intercedeu junto ao SENHOR, e o braço do rei recuperou-se e voltou ao normal. O rei disse ao homem de Deus: "Venha à minha casa e coma algo, e eu o recompensarei". Mas o homem de Deus respondeu ao rei: "Mesmo que me desse a metade dos seus bens, eu não iria com você, nem comeria, nem beberia nada neste lugar. Pois recebi estas ordens pela palavra do SENHOR: 'Não coma pão nem beba água nem volte pelo mesmo caminho por onde foi' ". Por isso, quando ele voltou, não foi pelo caminho por onde tinha vindo a Betel. Ora, havia um certo profeta, já idoso, que morava em Betel. Seus

filhos lhe contaram tudo o que o homem de Deus havia feito naquele dia e também o que ele dissera ao rei. O pai lhes perguntou: "Por qual caminho ele foi?" E os seus filhos lhe mostraram por onde tinha ido o homem de Deus que viera de Judá. Então disse aos filhos: "Selem o jumento para mim". E, depois de selarem o jumento, ele montou e cavalgou à procura do homem de Deus, até que o encontrou sentado embaixo da Grande Árvore. E lhe perguntou: "Você é o homem de Deus que veio de Judá?" "Sou", respondeu. Então o profeta lhe disse: "Venha à minha casa comer alguma coisa". O homem de Deus disse: "Não posso ir com você, nem posso comer pão ou beber água neste lugar. A palavra do SENHOR deu-me esta ordem: 'Não coma pão nem beba água lá, nem volte pelo mesmo caminho por onde você foi'". O profeta idoso respondeu: "Eu também sou profeta como você. E um anjo me disse por ordem do SENHOR: 'Faça-o voltar com você para a sua casa para que coma pão e beba água'". Mas ele estava mentindo. E o homem de Deus voltou com ele e foi comer e beber em sua casa. Enquanto ainda estavam sentados à mesa, a palavra do SENHOR veio ao profeta idoso que o havia feito voltar e ele bradou ao homem de Deus que tinha vindo de Judá: "Assim diz o SENHOR: 'Você desafiou a palavra do SENHOR e não obedeceu à ordem que o SENHOR, o seu Deus, lhe deu. Você voltou e comeu pão e bebeu água no lugar onde ele lhe falou que não comesse nem bebesse. Por isso o seu corpo não será sepultado no túmulo dos seus antepassados'". Quando o homem de Deus acabou de comer e beber, o profeta idoso selou seu jumento para ele. No caminho, um leão o atacou e o matou, e o seu corpo ficou estendido no chão, ao lado do leão e do jumento."
I Reis 13:1-24

"Passando pela Frígia e pela província da Galácia, foram impedidos pelo Espírito Santo de anunciar a palavra na Ásia.

Quando chegaram à Mísia, tentavam ir para a Bitínia, mas o Espírito de Jesus não lho permitiu."
Atos 16:6-7

Aqui vemos dois exemplos claros. O primeiro é particularmente um exemplo impressionante de um servo de Deus que desobedeceu a um mandamento do Senhor e, como conseqüência, foi morto. O interessante é que esse homem de Deus foi capaz de resistir à tentação de ir ao palácio do rei, mas se sentiu tentado a desobedecer quando outro servo do Senhor lhe disse que havia ouvido algo diferente de Deus. Quando esse profeta foi até ele, o homem de Deus estava cansado, provavelmente com fome e com sede e muito desconfortável. Ter alguém lhe dizendo que Deus havia mudado de planos era justamente o que ele queria ouvir. No entanto, Deus não havia de fato dito a ele que os planos haviam sido alterados. Esse é um enorme perigo para os cristãos. Quando o Senhor nos ordena a fazer algo que realmente não queremos fazer, tendemos a buscar uma palavra do Senhor vinda de outra pessoa na esperança de que Deus mude de idéia. Esse servo do Senhor perdeu sua vida por causa da sua desobediência, pois o leão havia sido enviado por Deus. A prova disso é o fato de que apesar do leão ter matado o homem, ele não tocou nem feriu o jumento ou tentou comer tanto o jumento quanto o homem.

Não nos é revelado o que teria acontecido se o apóstolo Paulo tivesse desobedecido ao Senhor e ido para a Ásia ministrar. Paulo obedeceu ao Senhor e, como resultado, Deus abriu uma enorme porta para que ele ministrasse também na Macedônia.

A segunda coisa que tendemos a fazer em situações como essa é argumentar com Deus. Não queremos aceitar Sua palavra como sendo a determinante, mas sim queremos apresentar o nosso ponto de vista na esperança de que Deus mude de opinião. Mas saiba do seguinte: Deus NUNCA irá negociar seus planos conosco! Também temos um exemplo disso nas Escrituras.

Havia no Antigo Testamento um profeta chamado Balaão. Ele deve ter sido um profeta notável porque sua fama se espalhou aos quarto cantos. Até então, na verdade, até mesmo o Rei Moabe o escutava. Sua reputação era que tudo o que ele falava como sendo de Deus, acontecia. Então o Senhor estava indo diante da nação de Israel e ganhando suas batalhas por eles. O rei de Moabe, Balaque, tinha medo de que Israel destruísse seu reino, então seus conselheiros o orientaram a chamar Balaão e lhe pedir que amaldiçoasse os Filhos de Israel para que eles não pudessem causar danos a Moabe. Então o rei Balaque enviou seus representantes, homens importantes e ricos, para falar com Balaão. A mensagem do Rei Balaque foi a seguinte:

"Vem, agora, rogo-te, amaldiçoa-me este povo, pois é mais poderoso do que eu. Talvez assim eu possa combatê-lo e expulsá-lo da terra. Pois sei que, a quem tu abençoares será abençoado, e a quem tu amaldiçoares será amaldiçoado."
Números 22:6

Balaão sabia muito bem da verdade! Ele era um profeta de Deus e sabia que Israel estava sendo abençoada pelo Senhor e estava sob Sua mão protetora. Ele não tinha a menor necessidade de perguntar ao Senhor o que devia fazer, mas estava interessado no dinheiro que lhe estavam oferecendo. Ele ansiava uma vida de conforto e quis seguir pelo caminho mais fácil, assim como nós fazemos muitas vezes!

"Balaão lhes respondeu: Passai aqui esta noite, e vos trarei a resposta, como o Senhor me falar. Então os príncipes de Moabe ficaram com Balaão."
Números 22:8

De forma espantosa, o Senhor falou mesmo com Balaão naquela noite:

"Então disse Deus a Balaão: Não irás com eles, nem amaldiçoarás o povo, porque é bendito."
Números 22:12

Balaão **não** gostou da resposta de Deus! Mas, até esse momento, ele obedeceu, apesar de não ser o que estava em seu coração. Ele enviou os homens de volta ao rei Balaque com uma recusa da proposta. Mas isso não foi capaz de impedir Balaque, pois ele estava acostumado a comprar tudo o que queria e ponderou qual seria o preço para comprar Balaão e então enviou mais homens com mais dinheiro de volta ao profeta. Balaão estava se mantendo firme no que o Senhor lhe havia ordenado? Claro que não! Ele estava interessado era no dinheiro e estava tentando ver se Deus mudava de idéia. Sempre ficamos em terreno minado quando tentamos fazer Deus mudar Seus planos! Perceba que, às vezes, Deus nos dá o que continuamente pedimos, mesmo que não seja a Sua vontade ou o melhor para nós. Então, naquela noite, Balaão procurou Deus mais uma vez:

"Agora rogo-vos que também aqui fiqueis esta noite, para que eu saiba o que o Senhor me dirá ainda. Veio o Senhor a Balaão, de noite, e disse-lhe: Visto que aqueles homens te vieram chamar, levanta-te, e vai com eles, mas farás somente o que eu te disser. Então Balaão se levantou de manhã, selou a sua jumenta, e partiu com os príncipes de Moabe. Mas a ira de Deus se acendeu quando ele se foi..."
Números 22:19-22

É algo muito sério ser um servo de Deus e ter a ira de Deus voltada contra você! Por que Deus se irou com Balaão? Porque Balaão sabia muito bem que não deveria amaldiçoar os Filhos de Israel, mas Balaão ficou discutindo com Deus até que Ele disse que tudo bem se era isso o que Balaão queria fazer, mas que ele iria pagar um preço muito alto por sua decisão. Tiago colocou isso da seguinte forma:

> *"Mas cada um é tentado, quando atraído e engodado pela sua própria concupiscência. Depois, havendo a concupiscência concebido, dá à luz o pecado; e o pecado, sendo consumado, gera a morte."*
> *Tiago 1:14-15*

Balaão estava seduzido e consumido por seu desejo de possuir fama e fortuna. Ele queria dinheiro, simples assim. Queria o caminho mais fácil. Por favor, preste atenção: **não** ceda aos desejos da carne caindo na armadilha de tentar discutir com Deus! Eu poderia ter facilmente feito isso, mas tive medo de que, se cancelasse os seminários na África, minha reputação se arruinasse e não me chamassem mais para ministrar. Então teríamos sérios problemas financeiros. No entanto, minha reputação estava nas mãos de Deus!

O que eu deveria fazer? Por que Deus não alertou a mim em vez de Daniel? Bem, provavelmente porque eu não seria capaz de ouvi-Lo, pois estava envolvida demais com a viagem para a África. Além disso, Daniel é minha cobertura e proteção espiritual. Faz muito sentido Deus o ter advertido. Já tendo uma história de 18 anos ao lado de Daniel, eu não poderia simplesmente ignorar a visão ou sua ordem para que eu não fosse. A Palavra de Deus é clara:

> *"Porém Samuel respondeu: Tem o Senhor tanto prazer em holocaustos e sacrifícios, como em que se obedeça à sua palavra? Obedecer é melhor do que sacrificar, e atender melhor é do que a gordura de carneiros. Pois a rebelião é como o pecado de feitiçaria, e a obstinação é como a iniqüidade de idolatria...."*
> *I Samuel 15:22-23*

Quem era eu para ignorar um alerta e uma ordem do Senhor? Simplesmente não ousei desobedecer, não importavam as conseqüências. Sempre a provação de um guerreiro está associada com a obediência. Deus não facilita as coisas. Nem tentei argumentar com Deus. Havia apenas uma decisão que eu poderia tomar: obedecer à ordem do meu Senhor!

Então, no dia seguinte, liguei com imensa dificuldade para a África. Infelizmente, tive que falar com um intérprete que não era muito bom e que simplesmente não entendia o que eu estava dizendo. Foi uma conversa dificílima, no entanto, eu conhecia os Olyanges e sabia que eles eram servos maduros do Senhor e que entenderiam a minha necessidade de obedecer. Eles ficaram pasmados! Não conseguiam acreditar no que estavam ouvindo! Como isso poderia estar acontecendo? Eles me disseram que tinham um enorme grupo de intercessores orando pelos seminários e que estavam orando incessantemente por dois meses. Eles disseram:

— Deus nunca deu qualquer indicação de perigo ou dificuldade aos nossos intercessores. Por que o Senhor também não os advertiu? *Tem certeza* de que isso vem mesmo do Senhor, Rebecca? — essa era uma pergunta intrigante.

No entanto, continuei pensando sobre o trecho que mencionei sobre I Reis. Tenho certeza de que esses intercessores **não** estavam mentindo, mas não acho que teriam sido capazes de ouvir do Senhor o que supostamente iria acontecer. Eles estavam tão concentrados nos seminários e tão empolgados com a minha chegada que não conseguiriam pensar em nada mais. Eu não poderia aceitar o fato de eles não terem recebido nada do Senhor como uma evidência de que Deus havia mudado de idéia ou de que o aviso que Daniel recebera não havia vindo o Senhor.

Foi uma das coisas mais difíceis que tive que fazer, mas me mantive firme e lhes disse que simplesmente não poderia ir. Pelos menos, os Olyanges eram verdadeiros servos do Senhor e não ficaram chateados comigo e nem se voltaram contra mim. Concordaram que, não importando o quanto fosse difícil para eles, eu deveria obedecer ao Senhor antes de tudo.

Não consigo explicar o tamanho da pressão e do estresse que senti com tudo isso. Não consegui dormir e fiquei fisicamente abatida por três dias. Mas, assim que desliguei o telefone após cancelar as reuniões, senti uma estranha paz de que tudo agora estava bem. Levei toda a questão ao Tribunal de Deus e pedi a Ele que julgasse se Satanás tinha o direito de me impedir de ir a Camarões na África ou não. Se Ele julgasse que Satanás não tinha esse direito, então pedi para que Deus de alguma forma operasse.

A semana seguinte, quando estaria já acontecendo o segundo seminário, recebi uma ligação dos Olyanges. Eles disseram que haviam acabado de receber uma ligação do Presidente de Camarões querendo saber por que eu não havia ido (ele estaria participando do seminário em Yaounde). Quando contaram-lhe da visão e do alerta, ele ofereceu seus próprios guarda-costas e seguranças para me proteger. Além disso, perguntaram se Daniel poderia ir comigo e voaríamos direto para Yaounde, em vez de Douala, como inicialmente planejado. Daniel e eu sentimos paz com esse plano, sendo que o Senhor ainda teria de fazer alguns milagres, dentre os quais conseguir as passagens aéreas apenas dois dias antes da época de Natal. Deus operou de forma maravilhosa, as dificuldades foram removidas de forma sobrenatural e, antes do fim da segunda semana, Daniel e eu desembarcamos em Yaounde.

Uma irmã voou conosco de Paris para Yaounde e não demorou muito para ela me desafiar com uma pergunta que me deixaria bastante pensativa. Ela perguntou:

– Rebecca, eu não entendo. Você é "A Rebecca Brown", uma guerreira EXPERIENTE no reino de Deus. Por que então você não poderia simplesmente lançar por terra esses ataques de Satanás que Daniel viu na visão? Por que não poderia simplesmente permanecer firme e confiar que o Senhor a protegeria? Por que permitir que tantos problemas fossem causados para tantas pessoas? Talvez alguns de vocês tenham se feito as mesmas perguntas. A resposta é simples: eu NÃO possuo força em mim mesma. NÃO sou eu quem luto a batalha. *"Não pela força nem pelo poder, mas pelo Meu Espírito, diz o Senhor."* É Deus quem luta a batalha e é MINHA obrigação obedecer. Por razões que eu talvez nunca saiba, meu Capitão, Jesus, me ordenou que eu não fosse. Deus poderia ter enviado Seus anjos para me proteger não importasse quais fossem os planos do inimigo? Claro que sim! Mas Ele não preferiu fazer assim e, em vez disso, exigiu minha obediência e me colocou em uma das maiores provações de toda minha vida. Se eu tivesse desobedecido e tivesse pego o vôo para Douala, como inicialmente planejado, não tenho dúvidas de que estaria morta hoje.

Existem muitas lições para serem aprendidas por muita gente através desse ocorrido. Mas as duas maiores são:
1. Deus exige obediência sem questionamentos dos Seus guerreiros; e
2. Nós NÃO lutamos a batalha espiritual com nossa própria força ou inteligência. **Jesus** é quem batalha por nós. Devemos simplesmente obedecer às ordens do nosso Capitão — Jesus faz o resto.

Como guerreiro do Senhor, você não somente é testado continuamente na área da obediência como também tem que aprender a ser flexível. Você não deve esperar cumprir sempre o planejado ou muito menos fazer o que for da sua conveniência. Tivemos que voar para Paris, onde passamos a noite. Tivemos que dormir lá porque nosso vôo para Yaounde sairia apenas às 18h do dia seguinte. E ficamos agradecidos por isso porque estávamos extremamente exaustos! Só que, às

7:30 da manhã ensolarada do dia seguinte, fomos acordados com alguém esmurrando nossa porta:

– Rápido, rápido – diziam – vocês devem partir, seu vôo está prestes a sair!

Tivemos que pular da cama, colocar as roupas e correr para o aeroporto, apenas para esperar o vôo atrasar por seis horas! Depois de um longo dia, finalmente chegamos Yaounde, às 23h daquela noite. Fomos levados para o hotel rapidamente para trocarmos de roupa e chegamos no centro de convenções depois da meia-noite. Milhares de pessoas ainda estavam esperando para que eu ministrasse a elas! Estávamos mais do que exaustos naquele momento, mas quando a nossa carne é fraca é que o Espírito Santo nos dá o que precisamos.

Ministramos tanto em Yaounde quanto em Douala e Deus abençoou imensamente nos dois lugares. Eu havia orado muito por esses seminários, pedindo ao Senhor pelas almas ali presentes. Eu queria almas salvas e conduzidas para o reino de Deus. Muitos de vocês se uniram a mim nessas orações, eu sei (pois anunciei esse seminário em nosso site http://www.guerreirosdacolheita.com). Deus respondeu de forma maravilhosa. Na maioria das reuniões, fiz um apelo ao altar perguntando quem nunca havia tomado a decisão de servir a Jesus Cristo para que viesse até a frente para fazer isso. Não pude contar com precisão, mas cerca de 500 pessoas vinham à frente em cada uma das vezes. O maravilhoso era que pelo menos de 150 a 200 delas eram crianças dentre 6 e 10 anos. Na África, eles não têm "cultinho infantil" ou algo do gênero, então as crianças ficam sentadas quietinhas ao lado dos pais e ouvem toda a ministração. A resposta delas às mensagens é inacreditável! Oravam com tanto entusiasmo enquanto aceitavam a Jesus como Senhor e Salvador, era pura alegria apenas ver. Muitas pessoas foram libertas e vidas foram transformadas.

Depois, viajamos de ônibus até Douala, cerca de 6 horas de viagem. Nossos guarda-costas nos disseram que Douala é uma cidade rebelde e que o governo de Camarões tem se retirado da cidade e se recusado a fazer qualquer coisa por ela. Eles não reparam as estradas, não dão manutenção no serviço público ou qualquer outra coisa. Não existe aplicação da lei em Douala, exceto as que as pessoas decidem estabelecer. Eu podia ver como Satanás podia facilmente usar as pessoas daquela cidade para me matar – lá simplesmente não existe qualquer tipo de controle ou lei. No entanto, Deus está se movendo naquele lugar e milhares de pessoas foram ao seminário. Outra vez, a resposta ao apelo para aceitarem Jesus foi enorme e, novamente, milhares de crianças vieram à frente.

Nossa viagem de volta para casa foi outra provação. Quando partimos, eu havia pegado pneumonia e estava muito doente. Satanás estava muito irado por causa dos seminários e tentou nos segurar em Douala, sem dúvida tentando arranjar outras pessoas para nos matar, como ele havia inicialmente planejado. A irmã encarregada de comprar nossas passagens de Douala para Paris estava tão atormentada por Satanás que simplesmente não conseguia fazer nada do que lhe fora atribuído. Como resultado, não conseguimos pegar o vôo no dia previsto e tivemos que ficar um dia extra. Satanás também causou tanta confusão que nossas passagens de Paris para casa (EUA) acabaram sendo canceladas e, quando finalmente chegamos à Paris, descobrimos que estávamos presos sem as passagens para ir embora! Depois horas de dificuldade, finalmente conseguimos recuperar as passagens, mas fomos obrigados a permanecer outra noite em um hotel de Paris! Repito que a inconveniência é uma das provas mais freqüentes de um guerreiro! Satanás irá fazer tudo o que puder para dificultar a nossa vida e Deus permite isso porque a paciência é algo que Ele valoriza imensamente em nosso coração. Conforme formos nos tornando flexíveis e pacientes, nos tornaremos cada vez mais parecidos com Jesus.

Agradecemos as orações de todos vocês por nossa viagem para a África naquela época. Como resultado, Deus nos fez vencer todas as dificuldades e uma rica colheita de almas foi realizada para Seu reino.

Capítulo 5

Orações Obstruídas
por Rebecca Brown

Durante os dois últimos meses, eu, Rebecca, tenho sido guiada pelo Senhor a estudar sobre oração em meus devocionais. Entendo que a questão da oração é vital para a sobrevivência do guerreiro durante os períodos de provações, mas muitos têm fracassado nesta área. Não me considero uma especialista nesse assunto, até mesmo porque é algo que eu ainda estou aprendendo. Quero compartilhar com você algumas coisas que o Espírito Santo tem me ensinado, a fim de que você também seja tão beneficiado quanto eu estou sendo.

Muitos de nós pedimos para que outros orem por nós pelas seguintes principais razões:
- Porque nossas próprias orações não estão sendo respondidas, então esperamos que Deus responda as dos outros.
- Porque não confiamos que Deus irá responder nossas orações.
- Porque sabemos que não estamos tendo um tempo de oração qualitativo para achar que Deus se daria ao trabalho de nos atender.

Sejamos honestos, você não se identificou com algum desses pontos? Creio que são comuns à maioria dos cristãos. Sendo assim, quero chamar sua atenção aos elementos que mais impedem que nossas orações sejam respondidas e que confiemos que Deus irá nos atender.

Motivações erradas

"Quando pedem, não recebem, pois pedem por motivos errados, para gastar em seus prazeres."
Tiago 4:3 (NVI)

"Portanto, quer comais, quer bebais, ou façais outra coisa qualquer, fazei tudo para a glória de Deus."
1 Coríntios 10:31

"E farei tudo o que pedirdes em meu nome, para que o Pai seja glorificado no Filho."
João 14:13

Da próxima vez que for começar a orar, PARE! Primeiro se sente e pense sobre o que está pedindo a Deus e por que está pedindo. Você sabia que Deus não somente toma nota do que estamos pedindo mas também do porquê de estarmos pedindo? O "o quê" estamos pedindo pode até não estar errado, mas nove dentre dez vezes Deus não nos atende porque as motivações pelos quais estamos pedindo são errados.

Você sabia que há um princípio operante no reino de Deus que deve governar nossas vidas? Tal princípio é: tudo o que fazemos, dizemos, pedimos ou pensamos deve glorificar a Deus. Muitos de nós nunca paramos para pensar na glória de Deus, exceto ocasionalmente durante o momento de louvor na igreja. Mesmo assim, não entendemos de fato o que significa glorificar a Deus. Aliás, o que exatamente significa "glorificar"? Em seu original, essa palavra faz referência a uma opinião ou estima que se tem sobre alguém. O verbo "glorificar" denota a reputação, o bom conceito e a estima dados a uma determinada pessoa. Pode ser comparada a honra ou glória dada a povos, nações e indivíduos. A palavra "glorificar" no Novo Testamento vem de esplendor, brilho e majestade que estão centrados em Jesus e em Deus-Pai (Comentário da "Spirit Filled Life Bible" em João 2:11).

Perceba que Deus se importa com Sua reputação! Deus é tudo de maravilhoso, majestoso e esplêndido! Devemos viver nossas vidas de forma a indicar Quem e o Que Deus é em tudo o que fazemos! Por que? Para que os outros sejam salvos ao ver Jesus Cristo através das nossas vidas e assim possam ver como Deus é maravilhoso.

Agora voltemos à questão da oração. Podemos ter uma lista de coisas para pedir, mas por que queremos pedi-las? Será que já paramos para pensar sobre elas e ver se o que estamos pedindo irá resultar no fato de outras pessoas contemplarem o quanto Deus é maravilhoso (ou seja, glorificar a Deus)? Ou estamos pedindo coisas apenas para nosso conforto e prazer?

Perceba, no versículo em João mencionado anteriormente, que Jesus disse que Ele atenderia a tudo o que pedíssemos e que glorificasse o Pai. Se pedirmos algo que não trará glória ao Pai, então não seremos atendidos. E se pedirmos algo que desejamos apenas para nosso próprio prazer, em vez de glorificar a Deus, então Ele também não nos atenderá.

Quando o Espírito Santo me fez entender isso, minhas orações se tornaram diferentes. Percebi que não passava muito tempo pensando em como glorificar a Deus! Então comecei a me questionar: "*Será que estou vivendo de forma que as pessoas podem ver o quanto Deus é maravilhoso através da minha vida? Estou pedindo, em minhas orações, por coisas que glorificarão a Deus?*" Sinceramente, em alguns casos, eu não tinha certeza. Então, o que poderia ser feito?

"*Da mesma maneira também o Espírito ajuda as nossas fraquezas. Não sabemos o que havemos de pedir como convém, mas o mesmo Espírito intercede por nós com gemidos inexprimíveis. E aquele que examina os corações sabe qual é*

a intenção do Espírito, porque segundo a vontade de Deus é que intercede pelos santos."
Romanos 8:26-27

O Espírito Santo nos mostra como orar se apenas pararmos para pedir a Ele! Quando o assunto é oração, o Espírito Santo é o nosso melhor professor! Acho que as minhas orações mais eficazes ocorrem apenas depois de eu passar algum tempo buscando o Senhor e estudando Sua Palavra, pedindo que Ele me diga COMO orar e pelo QUE orar.

Por exemplo, talvez o seu marido não seja cristão. Se você já era convertida quando se casou com ele, desobedeceu diretamente à Palavra de Deus e precisa pedir perdão a Deus por esse pecado (II Coríntios 6:14-18). Talvez agora você esteja infeliz e com terríveis problemas em seu lar porque seu marido está levando seus filhos a praticar atos que são contra a vontade de Deus. E então você tem orado continuamente para que o seu marido se converta para dar um basta nos problemas domésticos que estão deixando você esgotada. Motivação errada! Você está simplesmente buscando seu próprio prazer e conforto. Mas, se pedir ao Senhor para mover o seu coração a fim de que você, de forma genuína, lamente o fato de seu marido estar em rebelião ao Senhor e desonrando Seu Santo Nome, então suas orações serão respondidas muito mais rápido! Quando seu coração busca somente dar glória a Deus, você então pedirá que seu marido se converta para que Deus seja glorificado através do arrependimento dele. Você então irá, em suas orações, dar todo o controle da situação ao Senhor para que Ele permita acontecer na sua vida e na do seu marido o que for necessário para que seu esposo seja conduzido a Cristo.

Muitas congregações e pastores oram por avivamento simplesmente para que mais pessoas venham para suas igrejas e, com isso, as finanças do ministério aumentem. Deus nunca responde orações com esse tipo de motivação!

Pare um pouco e passe algum tempo em oração meditando sobre esse princípio. Peça ao Espírito Santo para sondar seu coração e lhe revelar o que tem dentro dele. Lembre-se de que nosso coração pode nos enganar (Jeremias 17:9). O quanto seu coração precisa ser transformado para que você passe a pedir por coisas que glorificarão a Deus? Se pedir sinceramente que o Senhor o transforme, Ele o fará. Quais são as suas verdadeiras motivações? Você quer apenas se livrar de um problema? Talvez Deus queira mantê-lo nesta situação e não lhe dará vitória até que você esteja disposto a glorificá-lO.

Você está implorando para que Deus lhe envie um marido, uma esposa ou filhos? Por que? Já parou para considerar que talvez Deus esteja trabalhando em sua vida, pois você irá glorificá-lO bem mais se não tiver essas coisas. Quando nosso coração estiver focado em glorificar a Deus, nossos pedidos de oração serão diferentes e Deus irá rapidamente atendê-los.

PECADO EM NOSSAS VIDAS

"Certamente a mão do Senhor não está encolhida, para que não possa salvar, nem surdo o seu ouvido, para que não possa ouvir. Mas as vossas iniquidades fazem divisão entre vós e o vosso Deus, e os vossos pecados encobrem o seu rosto de vós, para que não vos ouça."
Isaías 59:1-2

Essa passagem claramente nos mostra que pecados não confessados ou não resolvidos não permitem que Deus ouça nossas orações, mesmo se o que estamos orando está em perfeito acordo com Sua vontade.

Se você nunca purificou sua vida, precisa fazer isso imediatamente. Escreva para o e-mail *contato@guerreirodacolheita.com* que iremos enviar para você um guia de ministração, em português, para que você seja liberto. Não tem idéia de como isso é importante!

"Apanhai-me as raposas, as raposinhas, que fazem mal às vinhas, as nossas vinhas que estão em flor."
Cantares de Salomão 2:15

"Sejam agradáveis as palavras da minha boca, e a meditação do meu coração perante a tua face..."
Salmo 19:14

Os pecados que mais dificultam nossa vida de oração são aqueles que são mantidos em oculto e os que costumamos justificar para nós mesmos. São "pecadinhos" que quando vêm à tona, "sentimos" que não agradam a Deus, mas não existe um versículo que diga claramente "Não fará ...", então os justificamos. Se você está tendo dificuldades para que determinada oração seja respondida, peça ao Senhor que lhe revele os pecados ocultos em sua vida. Quando o Senhor trouxer algo à sua mente, não vá logo justificando. Em vez disso, tente concordar com Deus. Confesse o que lhe foi mostrado como sendo pecado e o remova da sua vida. Costumamos dizer: *"Oh, Senhor, então se isso é errado diante de Ti, eu desisto...".* Você já sabe que é errado simplesmente pelo fato do Senhor ter colocado isso em sua mente. Procure dizer: *"Oh, Senhor, por favor, me perdoe por esse pecado, eu o removo da minha vida, e para isso peço que me ajudes!"*

Lembre-se de que Deus é rápido em perdoar! Uma vez confessado o pecado, você está perdoado e limpo e o que bloqueava suas orações é imediatamente removido!

Ídolos no coração

"Vieram a mim alguns homens dos anciãos de Israel, e se assentaram diante de mim. Então veio a mim a palavra do Senhor: Filho do homem, estes homens levantaram os seus ídolos

nos seus corações, e o tropeço da sua maldade puseram diante da sua face. Devo eu de alguma maneira ser interrogado por eles?"
Ezequiel 14:1-3

Hoje, os cristãos não possuem ídolos literais em seus lares e os adoram, tais como imagens de Buda ou de outros deuses. No entanto, muitos cristãos possuem "ídolos" em seu coração. O que é um "ídolo no coração"? É tudo que você deseja ou valoriza de tal forma que fará qualquer coisa para consegui-lo. É também tudo o que importa mais para você do que Deus e Seus mandamentos. Vou dar dois exemplos simples.

Algumas pessoas buscam tanto um amor ou um casamento que acabam caindo repetidas vezes em pecado sexual. O ídolo que é "tropeço da sua maldade" é o desejo de ser amado de qualquer forma por outra pessoa. O desejo de aceitação.

Outros desejam tanto a riqueza que são capazes mentir, trapacear, roubar e negligenciar o reino de Deus em prol dela. Você tem sonegado seus impostos? Então existe um ídolo em seu coração: o dinheiro. Você se recusa a ofertar quando o Senhor o incomoda a fazê-lo? Você mente ou passa a perna nos seus colegas de trabalho para tomar a dianteira? Então existe um ídolo em seu coração.

Você deseja agradar tanto seu cônjuge que para isso é capaz de negligenciar o reino de Deus e de se envolver em várias atividades que não agradam ao Senhor apenas para agradá-lo(a)? Então seu esposo(a) é um ídolo em seu coração.

Você ama tanto seus filhos que é capaz de pecar ou desagradar a Deus por causa deles? Você sustenta financeiramente um filho adulto que vive em pecado? Então esse filho é um ídolo em seu coração. Quase todos os dias entram em contato comigo pessoas que estão em terríveis dificuldades financeiras porque estão sustentando um filho adulto que vive em pecado ou não faz tanta questão de trabalhar.

E não conseguem entender por que suas orações não são atendidas. A resposta é simples: os filhos são seus ídolos. Ao não fazer com que seus filhos obedeçam à Palavra de Deus enquanto estão vivendo debaixo de seus tetos, essas pessoas simplesmente estão se recusando a disciplinar seus filhos no caminho do Senhor. Não é de admirar que suas orações não tenham surtido nenhum efeito!

Quais são os ídolos em seu coração? Você não os conhecerá até que peça ao Senhor que os revele a você. Peça isso continuamente e com sinceridade. Se o fizer, o Senhor lhe mostrará! Mas você deve estar disposto a ouvir, não importa o quanto seja difícil! Remover os ídolos do nosso coração é extremamente doloroso. Deus deve ajudá-lo nisso.

A menos que removamos todos os ídolos do nosso coração, nossa vida de oração nunca será eficiente.

FALTA DE PERDÃO

"E quando estiverdes orando, se tendes alguma coisa contra alguém, perdoai, para que vosso Pai, que está nos céus, vos perdoe as vossas ofensas. Mas se vós não perdoardes, também vosso Pai, que está nos céus, não vos perdoará as vossas ofensas."
Marcos 11:25-26

Sem sobra de dúvidas, a falta de perdão é um dos maiores problemas dentro do Corpo de Cristo. Enquanto houver uma pessoa sequer a quem não tenhamos perdoado, nossas orações não serão respondidas. Eu escrevi com mais detalhes sobre o perdão em meu livro *"Vaso para Honra"*, capítulo 8.

Se Deus não está respondendo suas orações, é melhor você analisar sua vida. Tem guardado rancor e amargura contra alguém? Se sim, então é hora de pensar em perdoar essas pessoas.

OFERTAR COM MESQUINHEZ

"Porque até para Tessalônica mandastes não apenas uma vez, mas duas, o necessário para as minhas necessidades. Não que eu procure as dádivas, mas procuro o fruto que aumente o vosso crédito. Mas bastante tenho recebido, e tenho abundância; cheio estou, depois que recebi de Epafrodito o que da vossa parte me foi enviado, como cheiro suave, como sacrifício agradável e aprazível a Deus. E o meu Deus suprirá todas as vossas necessidades segundo a sua gloriosa riqueza em Cristo Jesus."
Filipenses 4:16-19

Como adoramos a última parte desse trecho: *"E o meu Deus suprirá todas as vossas necessidades segundo a sua gloriosa riqueza em Cristo Jesus."* Mas não incluímos os dois versículos anteriores a essa afirmação. Por que o apóstolo Paulo estava tão confiante de que Deus supriria tudo o que os filipenses precisassem? Por causa da oferta sacrificial que fizeram. Se você não é um ofertante generoso, então não fique tomando posse desse versículo! Essa é uma promessa condicional.

Existem tantas passagens sobre esse assunto que não posso mencioná-las todas aqui. Esta é uma área em sua vida que você precisa examinar e pedir ao Senhor que trate. Você é ofertante? Você dá apenas porque sente que deve? Você dá com pesar? Dá somente o mínimo que considera aceitável a Deus? Fica zangado quando a oferta é tirada ou simplesmente nem pensa a respeito de ofertas? Está preparado para dar a qualquer momento o dia quando aparecer alguém que precisa?

Você dá apenas pensando no retorno? Tem raiva ou rancor de alguém para quem você emprestou e que nunca o pagou? Lembre-se de que Jesus nos disse que se emprestássemos a alguém, não deveríamos esperar pagamento de volta (Lucas 6:34).

Conheço muitos cristãos que tiveram sua vida de oração destruída por causa que emprestaram dinheiro e não receberam de volta. Começaram a cultivar raiva e vingança contra a pessoa. E ao fazerem isso, Deus deixou de atender suas orações.

Conflitos no casamento

"Igualmente, vós, maridos, vivei com elas com entendimento, dando honra à mulher, como vaso mais frágil, e como sendo elas herdeiras convosco da graça da vida, para que não sejam impedidas as vossas orações."
1 Pedro 3:7

Conflitos no casamento é uma dos principais impedimentos para que os cristãos tenham suas orações respondidas. Se seu relacionamento com seu cônjuge não está baseado em amor e de acordo com a vontade de Deus, então não espere que o Senhor pare para ouvir e atender suas orações!

Você tem ataques de ira contra seu cônjuge? Guarda rancor ou raiva contra ele(a) por algo que aconteceu no passado? Tem ciúme exagerado? Mente para ele(a)? Tenta manipular ou controlar seu cônjuge? É sarcástico, crítico ou o(a) diminuí na frente dos outros? Você não valoriza seu relacionamento conjugal acima de todos os outros (exceto o relacionamento com Deus)? Seus filhos são mais prioridade do que seu casamento? Seu emprego vem na frente do seu cônjuge? A lista é enorme. Se você comete algum desses delitos, então suas orações estarão completamente obstruídas.

ORAÇÕES SEM VIDA

"... A oração de um justo é poderosa e eficaz."
Tiago 5:16

Muitas das nossas orações não são respondidas simplesmente porque não nos importamos muito com elas. Deus quer que derramemos nosso coração e estejamos com atenção exclusiva quando oramos a Ele. Muitas das nossas orações são secas, curtas e sem vida. Acho que essa é uma das razões pela qual a Cesta de Oração (ver apêndice) tem ajudado tanto as pessoas a ter suas orações atendidas, pois elas precisam pensar para escrever o que estão pedindo. Precisam dedicar tempo para refletir sobre o que estão orando, precisam ser específicas e prestar atenção no que estão escrevendo. Deus precisa de vida em nossas orações. Ele quer que façamos nossas orações de forma comprometida e consciente. Se não estamos nos importando com o que estamos orando, por que Deus deveria estar?

Sei que é uma lista enorme, mas não desanime. Pare um pouco e, com um papel e uma caneta, ore a respeito dos itens apresentados acima. Peça ao Senhor para lhe mostrar o que está em sua vida impedindo que Ele responda às suas orações. Escreva tudo no papel! Arrependa-se e confesse todos os itens que listar, pedindo ao Senhor que o perdoe e o purifique.

Lembre-se do seguinte: Se há algo em sua vida que está impedindo Deus de atender às suas orações, ninguém mais será capaz de fazer Deus atendê-las! Pedir a alguém para orar por você não irá ajudar em nada. Sim, há muito poder quando o povo de Deus se junta para orar em concordância, mas estou falando de problemas e orações pessoais. Se você não está obtendo as respostas que deseja, não ache que alguém pode

Capítulo 6

Matando o Velho Homem

Por Rebecca Brown

No capítulo 2, Daniel compartilha uma visão impressionante que recebeu da parte de Deus. É algo assustador não é mesmo? Mas isso nos remete a um outro ensino que precisamos abordar. Como podemos vencer a nossa "carne"? Como podemos vencer esses espíritos demoníacos que se alimentam dos nossos pecados e dos nossos desejos impuros? Simplesmente matando o "velho homem", ou seja, a nossa natureza pecaminosa. Deus não nos quer vulneráveis a esses demônios enviados por Satanás. Jesus morreu na cruz para nos capacitar a resisti-los. Tudo isso vem dos desejos do nosso próprio coração e nossa vitória sobre Satanás e seu reino depende diretamente de vencermos também os desejos do nosso coração. Jesus nos deu exemplos de como fazer isso. A Palavra de Deus descreveu Jesus da seguinte forma:

"Amaste a justiça e odiaste a iniqüidade; por isso Deus, o teu Deus, te ungiu com óleo de alegria, mais do que a teus companheiros."
Hebreus 1:9

A vontade de Deus é que amemos a justiça e que odiemos a iniqüidade. Apenas estando cheios com o desejo de vivermos uma vida de verdadeira santidade, desejando somente a glória de Deus, é que podemos ter vitória absoluta sobre Satanás e seus enganos. Só dessa maneira podemos avançar continuamente em Deus.

Pedro colocou a questão da seguinte forma:

"Simão Pedro, servo e apóstolo de Jesus Cristo, aos que conosco alcançaram fé igualmente preciosa na justiça do nosso Deus e Salvador Jesus Cristo: Graça e paz vos sejam multiplicadas no pleno conhecimento de Deus e de Jesus nosso Senhor; visto como o seu divino poder nos tem dado tudo o que diz respeito à vida e à piedade, pelo pleno conhecimento daquele que nos chamou por sua própria glória e virtude..."
II Pedro 1:1-3

Smith Wigglesworth, autor de vários livros, falou o seguinte sobre esses versículos:

"Notará ao ler II Pedro 1:1-2 que essa graça e paz são multiplicados através do conhecimento de Deus, mas que primeiro nossa fé vem através da justiça de Deus. Observe que essa justiça vem primeiro e que o conhecimento vem depois. Se você esperar qualquer revelação de Deus separada de santidade, então terá algo impuro, misturado com sua própria vontade. A santidade abre as portas para todos os tesouros de Deus. Ele deve primeiro nos trazer que nos faz, como nosso Senhor: *"ame a justiça e odeie a iniqüidade,"* antes que Ele nos dê acesso a esses tesouros maravilhosos. Quando nós tivermos *"guardado iniqüidade no meu coração, o Senhor não"* nos *"teria ouvido;"* (Salmo 66:18) . . ." (The Power of Faith [O Poder da Fé], de Smith Wigglesworth)

Então, já que vimos que o nosso coração ansiar por justiça é algo vital, como podemos alcançar isso? Como podemos controlar o pecado que está impregnado em todo ser humano? Essa é uma resposta que eu, Rebecca, busquei do Senhor sinceramente. Há alguns anos, Ele finalmente me respondeu. Quero compartilhar isso com você.

Quando Adão caíu em pecado, toda sua descendência herdou dele a natureza caída.

"Portanto, assim como por um só homem entrou o pecado no mundo, e pelo pecado a morte, assim também a morte passou a todos os homens, porquanto todos pecaram."
Romanos 5:12

E o que exatamente é essa "natureza caída"? É o desejo quase continuo de pecar que está impregnado em todo o nosso ser. Paulo o descreve da seguinte maneira:

"Pois não faço o bem que quero, mas o mal que não quero, esse pratico. Ora, se eu faço o que não quero, já o não faço eu, mas o pecado que habita em mim. Acho então esta lei em mim, que, mesmo querendo eu fazer o bem, o mal está comigo. Porque, segundo o homem interior, tenho prazer na lei de Deus; mas vejo nos meus membros outra lei guerreando contra a lei do meu entendimento, e me levando cativo à lei do pecado, que está nos meus membros."
Romanos 7:19-23

Está claro que o desejo de pecar está presente juntamente com o desejo também existente de obedecer a Deus. O pecado é uma parte integrante de nós, por isso chamamos de nossa "natureza caída". As Escrituras se referem à natureza caída de diferentes formas. Em algumas, ela é chamada de nosso "velho homem".

"Sabendo isto, que o nosso homem velho foi crucificado com ele, para que o corpo do pecado fosse desfeito, a fim de não servirmos mais ao pecado."
Romanos 6:6

Algumas vezes, as Escrituras chamam essa natureza caída de nossa "carne" ou nossa "natureza carnal". O pecado está entranhado por todo o nosso ser – corpo, alma e espírito. A seguir, alguns trechos bíblicos que claramente nos mostram a extensão que o pecado tem sobre nós.

CORPO

"Miserável homem que eu sou! quem me livrará do corpo desta morte?"
Romanos 7:24

ALMA

"Enganoso é o coração, mais do que todas as coisas, e perverso; quem o poderá conhecer? Eu, o Senhor, esquadrinho a mente, eu provo o coração; e isso para dar a cada um segundo os seus caminhos e segundo o fruto das suas ações."
Jeremias 17:9-10

"Porquanto a inclinação da carne é inimizade contra Deus, pois não é sujeita à lei de Deus, nem em verdade o pode ser."
Romanos 8:7

ESPÍRITO

"Ora, amados, visto que temos tais promessas, purifiquemo-nos de toda a imundícia da carne e do espírito, aperfeiçoando a santidade no temor de Deus."
II Coríntios 7:1

Esses versículos e outros, como I Tessalonicenses 5:23, claramente nos mostram que todas as nossas três áreas, corpo, alma e espírito, estão afetadas pelo pecado. Todas elas devem ser purificadas por nosso Senhor Jesus Cristo. Mas lidamos com o pecado diariamente, muitas das vezes de forma consciente. Não creio que não teremos pleno entendimento do terrível obstáculo que é essa natureza caída até que recebamos nossos corpos glorificados e sejamos libertos do pecado para todo o sempre!

Sim, os demônios nos tentam a pecar, mas a decisão final é nossa. Nós escolhemos pecar! Por isso, somos totalmente responsáveis diante de Deus por tudo o que fazemos. Esteja certo de que os demônios conhecem muito bem nossa natureza caída e por isso nos manipulam tão bem. Toda a Bíblia está repleta de versículos que insistem que batalhemos contra o nosso desejo natural de fazer o que é errado.

"Portanto, nós também, pois estamos rodeados de tão grande nuvem de testemunhas, deixemos todo embaraço, e o pecado que tão de perto nos rodeia, e corramos com perseverança a carreira que nos está proposta, . . ."
Hebreus 12:1

"Considerai, pois aquele que suportou tal contradição dos pecadores contra si mesmo, para que não vos canseis, desfalecendo em vossas almas. Ainda não resististes até o sangue, combatendo contra o pecado."
Hebreus 12:3-4

Infelizmente, muitos caem na armadilha de achar que uma vez salvos, nossos pecados não importam mais. Paulo abordou essa questão de forma muito franca:
"Que diremos, pois? Permaneceremos no pecado, para que abunde a graça? De modo nenhum. Nós, que já morremos para o pecado, como viveremos ainda nele?"
Romanos 6:1-2

A verdadeira razão pela qual é tão importante para nós que removamos o pecado de nossas vidas é porque ele nos separa de Deus. Você quer mais abundância em sua vida? Então remova o pecado que há nela!

"Finalmente, irmãos, vos rogamos e exortamos no Senhor Jesus que, como aprendestes de nós de que maneira deveis andar e agradar a Deus, assim como estais fazendo, nisso mesmo abundeis cada vez mais."
1 Tessalonicenses 4:1

Na verdade, é muito impopular o conceito de que devemos pensar sobre isso de forma bastante moderada. Devemos nos provar para Deus. Devemos demonstrar obediência e fé. Jesus aprendeu a obedecer através do sofrimento. Devemos esperar menos?

"Ainda que era Filho, aprendeu a obediência por meio daquilo que sofreu; e, tendo sido aperfeiçoado, veio a ser autor de eterna salvação para todos os que lhe obedecem."
Hebreus 5:8-9

Não seremos vitoriosos ou cresceremos em nossas vidas enquanto continuarmos pecando ativamente. Deus deseja tão intensamente que nos purifiquemos de todo pecado que entregou a vida do Seu próprio Filho para nos providenciar a purificação. Devemos, então, também desejar intensamente sermos libertos do pecado acima de qualquer coisa, não importando o quanto doloroso possa ser removê-lo de nossas vidas!

Tudo bem, então devemos parar de pecar. Mas ainda nos resta a terrível luta que Paulo descreveu em Romanos 7. Como então podemos ter vitória nesta luta contra nossa natureza carnal? A resposta é simples. Devemos ter mais poder que a nossa natureza pecaminosa tem, ou nunca conseguiremos

vencê-la. E onde conseguir esse poder? Creio que a resposta está nos versículos seguintes:
"Portanto, agora nenhuma condenação há para os que estão em Cristo Jesus. Porque a lei do Espírito da vida, em Cristo Jesus, te livrou da lei do pecado e da morte."
Romanos 8:1-2

Jesus nos libertou do poder do pecado quando morreu por nós na cruz. E quando O recebemos como nosso Senhor e Salvador, esse poder fica disponível para nós. Ainda não recebemos tudo o que Deus prometeu nos dar. No futuro, quando Cristo retornar, cada um de nós receberá o resto do que Deus nos prometeu em nossa redenção. Receberemos um corpo físico novo e glorificado, exatamente como o que Jesus tem agora e, o melhor de tudo, nossa natureza caída será extirpada para sempre e nunca mais teremos de lutar contra ela outra vez. (ver Filipenses 3:20-21)

Essa é a nossa gloriosa esperança. Um dia, não teremos mais o desejo de pecar e estaremos continuamente na presença do Senhor. Mas, enquanto isso, devemos lutar a batalha contra o pecado.

O caminho para vencer o pecado em nossas vidas é realmente muito estreito. O primeiro e mais importante passo para a vitória é através do mover do Espírito Santo em nossas vidas. O segundo nos é apresentado na carta de Paulo aos Romanos. Quero abordar primeiramente a segunda parte da resposta.

"Pois os que são segundo a carne inclinam-se para as coisas da carne; mas os que são segundo o Espírito para as coisas do Espírito. Porque a inclinação da carne é morte; mas a inclinação do Espírito é vida e paz."
Romanos 8:5-6

Simplesmente, quanto mais tempo durante o dia passarmos lendo a Bíblia e meditando sobre a palavra de Deus, sobre as coisas de Deus, mais seremos vitoriosos sobre nossa natureza pecaminosa. O rei Davi aprendeu essa lição, assim como Josué antes dele.

"Como purificará o jovem o seu caminho?
Observando-o de acordo com a tua palavra.
De todo o meu coração tenho te buscado;
não me deixes desviar dos teus mandamentos.
Escondi a tua palavra no meu coração,
para não pecar contra ti."
Salmo 119:9-11

Deus ordenou a Josué:
"Não se aparte da tua boca o livro desta lei, antes medita nele dia e noite, para que tenhas cuidado de fazer conforme tudo quanto nele está escrito; porque então farás prosperar o teu caminho, e serás bem sucedido."
Josué 1:8

Sabe, há algo a respeito da Bíblia que a faz diferente de qualquer outro livro no mundo. Ela é literalmente viva! É viva porque é Deus falando conosco.
"Porque a palavra de Deus é viva e eficaz, e mais cortante do que qualquer espada de dois gumes...."
Hebreus 4:12

Nenhum outro livro no mundo inteiro tem o poder único que a Bíblia tem. Quanto mais saturamos nossa vida e nossa mente com as Escrituras, mais poder teremos para viver em obediência a Deus e para expulsar o pecado da nossa vida. No entanto, devemos estudar a Bíblia a fim de praticar o que nela está escrito.

"*Se você se acostumar a estudar a Bíblia sem o propósito sincero e bem definido de obedecer, estará se tornando cada vez mais desobediente. Nunca leia a Palavra de Deus sem estar disposto a honestamente obedecê-la e sem pedir graça para isso. Deus nos deu Sua Palavra para nos dizer o que Ele quer que façamos e para mostrar a graça que Ele nos providenciou para podemos fazer isso. Como é triste ler uma palavra sequer da Bíblia sem a intenção de obedecê-la! Que Deus nos livre desse terrível pecado! Temos que criar o hábito sagrado de dizer a Deus: 'Senhor, qualquer que seja a Tua vontade, eu obedecei.' Sempre leia as Escrituras com um coração disposto a obedecer.*"
(The Believer's Secret of Obedience [O Segredo da Obediência do Crente], Andrew Murray, p. 46)

Já percebeu como é difícil pegar a Bíblia para ler depois de passar vários dias sem tocar nela? Oh, como a nossa natureza pecaminosa é rápida em ganhar força se não a mantemos sob controle! O apóstolo Paulo fez uma afirmação profunda a respeito disso depois de alguns anos de ministério:
"*Antes subjugo o meu corpo, e o reduzo à submissão, para que, depois de pregar a outros, eu mesmo não venha a ficar reprovado.*"
I Coríntios 9:27

Sou imensamente grata ao Espírito Santo por ter feito Paulo escrever essa declaração. Tem me ajudado muito saber que até mesmo o apóstolo Paulo teve de lutar contra sua natureza carnal por toda sua vida.

Eis aqui um pequeno teste para você. Quantas vezes por dia você pensa sobre Deus ou sobre as Escrituras ou conversa com Deus? Quantas vezes você pára para comparar se o que está acontecendo com você ou se o que você está fazendo está de acordo com as Escrituras? Você deveria fazer isso quase que incessantemente. Se fizer isso, descobrirá que toda sua vida mudará.

Há uma enorme pureza nas Escrituras. Por vivermos neste mundo, estamos diariamente expostos a todo tipo de pecado e perversão. Devemos ter o cuidado de continuamente lavarmos nossas mentes com a Palavra de Deus. Se não o fizermos, logo cairemos.

Assumir o controle da nossa mente é o verdadeiro segredo para vencermos o pecado. Isso implica no que está escrito em Romanos 8:5: quanto mais nossa mente estiver cheia das coisas de Deus, menos pecaremos.

"E não vos conformeis a este mundo, mas transformai-vos pela renovação da vossa mente . . ."
Romanos 12:2

*"E levando cativo todo pensamento à obediência a Cristo. . ."*II Coríntios 10:5

Deveria ser normal para um cristão viver de tal forma que o pecado fosse algo raro em sua vida. Foi por isso que o apóstolo João escreveu o seguinte:

"Meus filhinhos, estas coisas vos escrevo, para que não pequeis."
I João 2:1

Se você ainda não fez isso, recomendo que leia cuidadosamente o capítulo intitulado *"O Homem de Ânimo Dobre"* do meu segundo livro, *"Prepare-se para a Guerra"* que aborda a questão de levar todo pensamento cativo. Não podemos vencer o pecado em nossas vidas a menos que disciplinemos nossa mente e levemos cada pensamento cativo em obediência a Cristo. Toda tentação para se pecar é primeiramente apresentada na forma de um pensamento. Se permitirmos que esses pensamentos criem raízes em nossa mente, cairemos e pecaremos.

No entanto, saturar nossa vida com a palavra de Deus é útil e necessário, mas não é tudo. Também precisamos ter o poder que nos é dado pelo Espírito Santo.

"Todavia, digo-vos a verdade, convém-vos que eu vá; pois se eu não for, o Ajudador não virá a vós; mas, se eu for, vo-lo enviarei."
João 16:7

"Porque Deus é o que opera em vós tanto o querer como o efetuar, segundo a sua boa vontade."
Filipenses 2:13

Somente com a ajuda do Espírito Santo poderemos vencer nossa natureza pecaminosa e pararemos de pecar. Lembra-se de que eu disse que havia duas partes da resposta sobre como controlar nossa natureza pecaminosa? Controlar nossos pensamentos e saturar nossas mentes com a palavra de Deus é a primeira parte e o poder presente do Espírito Santo é a segunda parte. Devemos ter os dois de forma igual. Quanto mais avanço em minha caminhada com meu Senhor, mais ciente me torno da minha própria incapacidade de dar um fim no pecado em minha vida! Mas, louvado seja Deus, o poder do Espírito Santo me capacita para alcançar a vitória!

Observe o texto de João 16:7 citado anteriormente. Quando Jesus esteve aqui na Terra encarnado, Seus discípulos O seguiram fielmente e Jesus ministrou a cada um deles diariamente. Por que? Porque não importava o quanto fiéis ou diligentes eles fossem, não havia poder dentro deles para vencer suas naturezas caídas. Por isso, apesar de estarem na presença do próprio Deus, caíram em incredulidade e em pecado, diversas vezes! É por isso que foi necessário Jesus deixar a Terra e, por não estar mais presente fisicamente, mandou o Espírito Santo para operar em Seus discípulos. Jesus fez o que era necessário pagando o preço pelos nossos pecados na cruz e, quando somos lavados dos nossos pecados, então o próprio Deus, na forma do Espírito Santo, pode entrar em nós e nos trazer o poder que precisamos para vencer o pecado.

Se você nunca se colocou de joelhos e pediu ao Pai que o enchesse completamente com Seu Espírito para lhe dar o poder para parar de pecar, então precisa fazer isso. Mas é uma via de mão dupla. Quanto mais você saturar sua mente com a palavra de Deus e remover o pecado da sua vida, mais liberdade o Espírito Santo terá para operar em sua vida com PODER. Por favor, não caia na armadilha de pensar que tudo o que você precisa é apenas o Espírito Santo, que não precisa fazer a sua parte. Isso não é verdade. Tiago resume essa questão de forma bastante simples:

"Pelo que, despojando-vos de toda sorte de imundícia e de todo vestígio do mal, recebei com mansidão a palavra em vós implantada, a qual é poderosa para salvar as vossas almas. E sede cumpridores da palavra e não somente ouvintes, enganando-vos a vós mesmos. Pois se alguém é ouvinte da palavra e não cumpridor, é semelhante a um homem que contempla no espelho o seu rosto natural; porque se contempla a si mesmo e vai-se, e logo se esquece de como era. Entretanto aquele que atenta bem para a lei perfeita, a da liberdade, e nela persevera, não sendo ouvinte esquecido, mas executor da obra, este será bem-aventurado no que fizer."
Tiago 1:21-25

Hoje em dia, temos caído muito na armadilha de apenas buscar sinais e milagres. É por isso que há tantos livros nas livrarias cristãs com temas como: "Como Curar", "Como Realizar Milagres", etc. Deus está muito mais interessado em nossa obediência diária e em nossa caminhada com fidelidade do que em realizar sinais e maravilhas! Com muita facilidade os cristãos hoje estão caindo no engano e aceitando falsificações demoníacas como se fossem profecias, sinais e milagres de Deus. Não se pode ter sinais e maravilhas do Espírito Santo sem uma caminhada de obediência e disciplina, e sem remover o pecado das nossas vidas.

O Espírito Santo é uma ajuda maravilhosa que temos em nossa luta contra o pecado. Peça ao Senhor que lhe mostre os versículos que se aplicam particularmente aos pecados que você tem cometido. Então decore esses versículos e peça ao Senhor que os coloque em sua mente quando estiver prestes pecar. O Espírito Santo sabe tudo o que faremos antes de fazermos. Ele monitora tudo o que fazemos e pode nos ajudar a parar de pecar. Por fim, lembre-se disso:

"Enganoso é o coração,
mais do que todas as coisas, e perverso;
quem o poderá conhecer?
Eu, o Senhor, esquadrinho a mente, eu provo o coração;
e isso para dar a cada um segundo os seus caminhos
e segundo o fruto das suas ações."
Jeremias 17:9-10

Seu coração é capaz de enganá-lo e o faz! Você permite que todo tipo de desejos impuros controlem seu coração sem nem mesmo perceber. É isso o que o anjo, na visão de Daniel, quis dizer quando falou que os demônios estão se alimentando dos desejos pecaminosos que existem no coração dos cristãos. Somente Deus pode sondar e conhecer o seu coração. Você deve fazer uma oração sincera pedindo ao Senhor que lhe revele todos os pecados que existem dentro do seu coração e então peça que Ele os trate. Isso será realmente doloroso! Mas é a única forma de ser purificado. É a única forma de poder resistir aos enganos do diabo nestes últimos e difíceis dias.

A.W. Tozer colocou essa verdade melhor do que eu jamais poderia colocar em seu maravilhoso livro *"À Procura de Deus"*:

"Que poderia ser senão a presença de um véu em nossos corações? Um véu que não pode ser retirado como o primeiro, mas que continua ali, barrando o caminho da luz e escondendo de nós a face de Deus. Trata-se do véu de nossa antiga e decaída natureza, que continua bem viva, em nosso íntimo, sem ser condenada, sem haver passado ainda pela crucificação e pelo repúdio total. Trata-se do véu compacto de uma vida egocêntrica, que nunca quisemos realmente reconhecer como tal, da qual intimamente nos sentimos envergonhados, e por isso mesmo nunca a trazemos perante o tribunal da cruz. Esse véu escuro não é por demais misterioso, nem é difícil de ser identificado. Temos tão-somente de sondar nosso próprio coração, e o acharemos ali; costurado, remendado e consertado, talvez, mas sempre presente - um inimigo de nossa vida, um verdadeiro obstáculo no caminho de nosso crescimento espiritual.

Esse véu não é nada bonito, nem tampouco nos agrada falar a respeito dele. Dirijo-me, porém, às almas sedentas que estão resolvidas a seguir a Deus, e creio que elas não retrocederão, somente porque o caminho temporariamente as levará por montes sombrios..... Por isso, animo-me a apontar os fios que formam a textura desse véu da alma.

Este véu foi tecido com os fios sutis da vida egocêntrica e dos pecados do espírito humano, que sempre se manifestam conjuntamente. Não se trata de algo que fazemos, e, sim, daquilo que somos, e é justamente nisso que residem tanto a sua sutileza quanto a sua força.

Falando de maneira mais específica, os pecados do "eu" são: justiça própria, autocompaixão, autoconfiança auto-suficiência, auto-admiração, amor-próprio e todo um exército de outros defeitos da personalidade, semelhantes a esses. Esses pecados se estabelecem no íntimo do nosso ser e são parte integrante da nossa natureza, e de tal maneira que só temos consciência deles quando a luz de Deus incide sobre eles. As mais graves manifestações desses pecados - o egocentrismo, o exibicionismo, a autopromoção - são estranhamente toleradas em líderes evangélicos até mesmo de círculos impecavelmente ortodoxos. De fato, são pecados que têm recebido tal evidência que muitos chegam a identificá-los como o evangelho. . . . A autopromoção à guisa de se fazer promoção de Cristo, atualmente é algo tão comum que nem chama mais atenção.. . . .

O "ego" é o véu sombrio que oculta de nós a face de Deus. Só pode ser removido através de uma experiência do espírito; nunca por meio de instrução intelectual. Seria como tentar expelir do corpo a lepra, por meio de instruções médicas. É necessária uma operação de extermínio, realizada por Deus, para que sejamos libertos. Devemos deixar que a cruz realize sua obra mortificadora em nosso íntimo. É necessário levarmos à cruz nossos pecados de egocentrimo. Devemos nos preparar para sofrer uma prova semelhante, de certo modo, à experiência pela qual passou o nosso Salvador, quando se achava na presença de Pôncio Pilatos. . . .

Tenhamos o cuidado de não subestimar a importância da vida espiritual, achando que nós mesmos podemos rasgar o véu. Deus é quem deve fazer tudo em nosso lugar. Nossa parte consiste em ceder e confiar. É necessário que confessemos, abandonemos e repudiemos uma vida autodirigida, e passemos a considerá-la crucificada. Urge, entretanto, distingüir entre uma "aceitação" ociosa e uma verdadeira operação de Deus. Devemos perseverar até que a obra seja realizada. Não ousemos nos contentar com uma doutrina certinha de autocrucificação...

Lutemos para que a obra seja realmente efetuada, e assim sucederá. A cruz é rude e mortal, mas também é eficaz. Não conserve sua vítima ali dependurada para sempre. Chega o momento em que sua obra termina, e a vítima morre. Após isso vem a ressurreição, em glória e poder, e a dor é esquecida em face da alegria de haver sido removido o véu, e de termos, numa experiência real do espírito, chegado até à presença do Deus vivo."

(À Procura de Deus, de A.W. Tozer).

Apêndice

Cesta de Oração

Enquanto estávamos viajando e ministrando por três semanas pelos Estados Unidos, o Senhor nos deu uma promessa. Ele nos instruiu a colocarmos uma cesta em frente da igreja onde ministrávamos a fim de que as pessoas escrevessem seus pedidos de oração durante as reuniões e os colocassem na cesta.

Então, ao final da última reunião, juntamente com todos, deveríamos apresentar os pedidos de oração a Deus, ungindo-os com óleo. Deus nos prometeu que Ele, pessoalmente, iria ler cada um dos pedidos e iria respondê-los. Ele não prometeu que a resposta seria "sim" para todos, mas que iria responder.

Depois de começamos a fazer isso, temos recebido muitos testemunhos de pessoas que colocaram seus pedidos na cesta. Ultimamente, tenho ficado surpresa com a quantidade de pessoas que me disseram ter Deus respondido aos seus pedidos no mesmo dia em que os colocaram na cesta, até mesmo antes de saírem da igreja, no fim da reunião!

A maravilha é que servimos a um Deus tão grande que as pessoas nem sequer têm de colocar seus nomes nos pedidos, ou qualquer outra forma de identificação. Deus sabe quem escreveu e cada palavra que cada um escreveu.

Recentemente, Daniel e eu começamos a buscar uma palavra do Senhor sobre as pessoas que não podem estar em nenhuma dessas reuniões. E quanto a elas?

Então o Senhor nos disse que poderíamos ter uma cesta de oração aqui no ministério (assim também como no Brasil). Se você quiser enviar-nos um pedido de oração, iremos colocá-lo na cesta e, no dia 10 de cada mês, iremos apresentar todos os pedidos ao Senhor, ungindo-os com óleo. Deus tem nos prometido que Ele irá, pessoalmente, ler cada palavra escrita no pedido e irá responder. Repito: Ele não está prometendo um "sim" a cada pedido. Sua resposta pode ser "não" ou talvez um "aguarde". Mas Ele irá responder.

Os pedidos devem ser encaminhados para *oracao@guerreirosdacolheita.com*

Rebecca Brown & Daniel Yoder
Ministério Guerreiros da Colheita
http://www.guerreirosdacolheita.com

SUPERLANÇAMENTO

Quadrinização do best-seller de Rebecca Brown
ELE VEIO PARA LIBERTAR OS CATIVOS

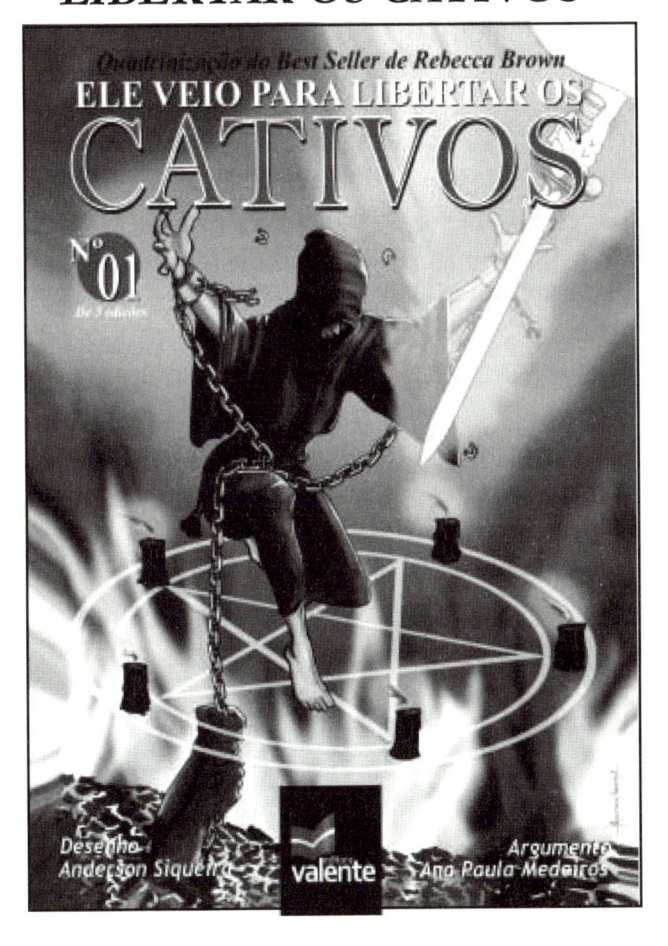

em 5 volumes

Pedidos: www.editoravalente.com.br
ou contato@editoravalente.com.br

Novos livros da Dra. Rebecca Brown

A GUERRA É FERRENHA...
AS INVESTIDAS SÃO CRUÉIS...
SÃO GUERRAS DE ATAQUE!

GUERRA DE ATAQUE
REBECCA BROWN & DANIEL YODER

CONHEÇA UMA DAS ARMAS DE DEUS MAIS PODEROSAS NA BATALHA ESPIRITUAL:
O TRIBUNAL DE GUERRA!

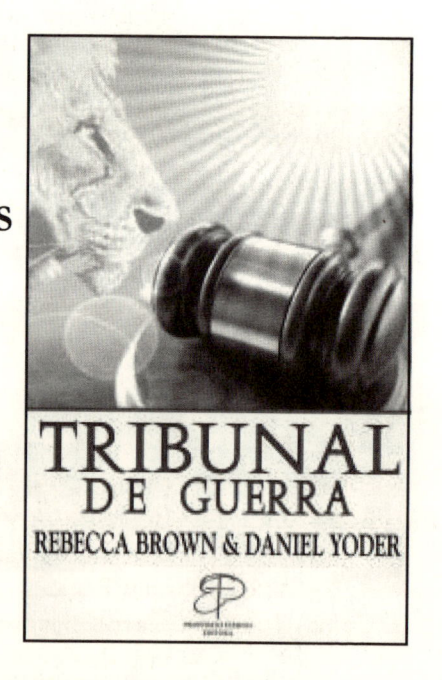

TRIBUNAL DE GUERRA
REBECCA BROWN & DANIEL YODER

Pedidos: www.editoravalente.com.br
ou contato@editoravalente.com.br
Tel: (21) 2255-2216

CONHEÇA OS LANÇAMENTOS INÉDITOS DE
ANA MENDEZ
PELA EDITORA VALENTE

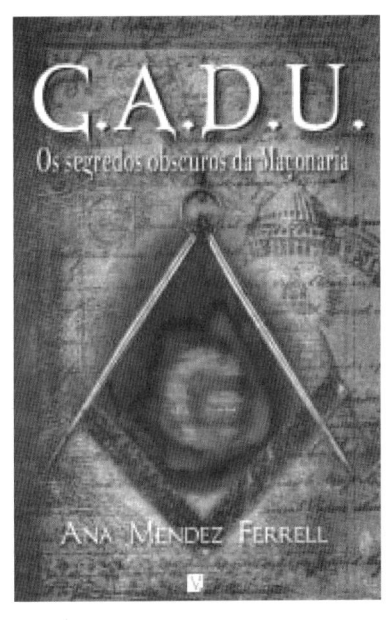

e mais:
Assentados nas Regiões Celestiais (Ana Mendez)
Comei da Minha Carne, Bebei do Meu Sangue (Ana Mendez)
A Mente de Cristo (Emerson Ferrell)
Chaves-Mestras para a Revelação do Reino (Emerson Ferrell)

Pedidos: www.editoravalente.com.br ou contato@editoravalente.com.br
Tel: (21) 2255-2216

Cuidado! Sua saúde corre grande perigo!

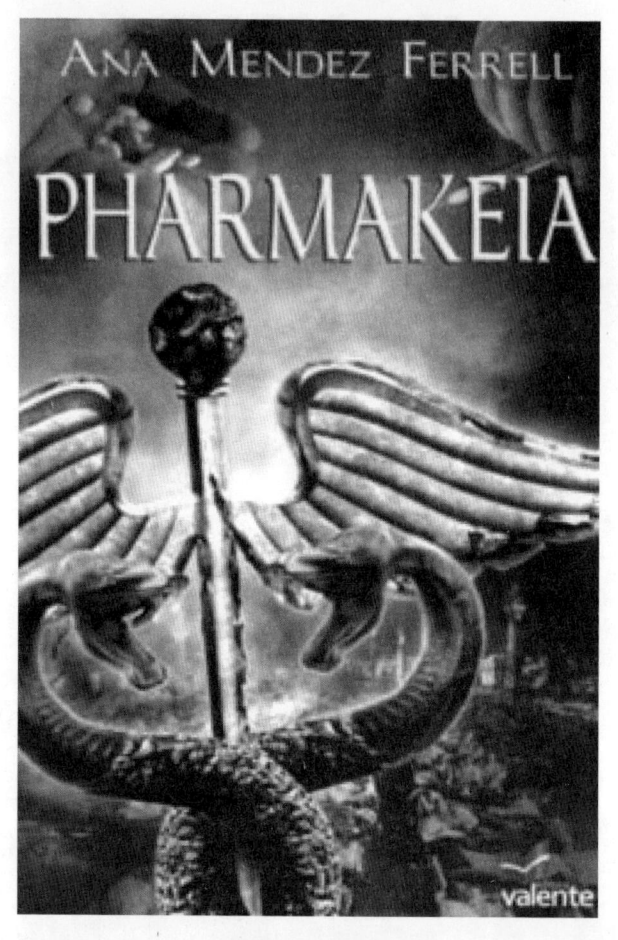

PHARMACEIA

Este livro expõe um dos nossos maiores adversários deste século, o espírito de pharmakeia, que controla a indústria farmacêutica global. Milhões de pessoas estão presas nisso, acreditando que a resposta à doença é a medicação.

Aqui, você irá ler coisas que nunca imaginou que pudessem ser verdade, o objetivo por trás das grandes empresas farmacêuticas e seu fundo espiritual. Entenda a origem da doença, como destruí-la com o poder de Jesus Cristo, romper os laços com o espírito de pharmakeia e a estrutura construída em sua mente e corpo para acabar com sua vida.

Pedidos: www.editoravalente.com.br ou contato@editoravalente.com.br
Tel: (21) 2255-2216

Outros lançamentos

9 DIAS NO CÉU
Marietta Davis

Em um estado de quase morte, uma jovem é arrebatada ao Céu e recebe revelações surpreendentes sobre a eternidade e o mundo espiritual!

IMPERDÍVEL!

A VIDA ALÉM DA VIDA
Rebecca Springer

Para muita gente a morte ainda é um enigma? O que acontece quando morremos? Como é a passagem para o outro lado? Como é a vida após a vida que conhecemos? Este livro revelador falará profundamente a seu coração!

editora valente

www.editoravalente.com.br
contato@editoravalente.com.br
Tel: (21) 2255-2216